한국의 미래

한국의 미래

거대한 변곡점, 마지막 부의 기회를 잡아라

박석중 지음

THE
FUTURE
OF KOREA

서문

마지막 골든타임의 문턱에서

    수출과 성장, 저금리와 치솟던 집값, 기술의 혁신과 줄어든 일자리, 우리의 일상을 지탱하던 기둥들이 동시에 흔들리고 있습니다. 우리는 지금, 길고 완만하게 이어지던 강줄기를 지나 거센 조류의 한가운데 서 있습니다. 정치, 경제, 기술, 사회 전반이 동시에 변곡점을 맞이하는 시기는 흔치 않습니다. 역사는 그런 순간들을 '시대의 이름'으로 남겨왔습니다. 산업혁명에서 대공황, 브렌턴우즈 체제와 플라자합의, 금융위기와 코로나까지. 지금 우리가 목격하는 변화는 그에 필적할 뿐 아니라, 훨씬 더 압축적이고 전방위적이며 전례 없는 속도로 전개되고 있습니다. 이 책은 익숙한 듯 보이지만 결국 우리의 삶 전체를 뒤바꿔온 변화의 본질을 찾는 데서 시작됩니다.

세계 경제 질서의 대전환

변화하는 세계 경제 질서의 큰 흐름을 읽어내야 합니다. 미국이 패권을 장악한 이후 세계 경제와 금융 질서는 약 30년 주기로 재편되어 왔습니다. 1950년대 브렌턴우즈 체제는 달러를 기축통화로 올려놓았고, 1985년 플라자합의는 환율을 무기로 제조업 지형을 흔들었습니다. 2001년 중국의 WTO 가입은 전 세계 제조업을 하나의 거대한 시장으로 묶으며 글로벌 공급망 시대를 열었습니다. 흥미롭게도 이러한 변화의 변곡점에는 공통점이 있었습니다. 미국 제조업의 약화, 과잉 유동성이 불러온 인플레이션, 그리고 사회 시스템의 불안입니다. 기존 질서가 파괴되고 새로운 질서가 세워지는 순간마다, 미국은 방향을 바꾸며 세계를 다시 설계했습니다.

미국의 압도적 패권은 이미 그 힘을 잃어가고 있으며, 부채에 기댄 소비 중심 성장 모델의 한계에도 봉착했습니다. 트럼프는 기존의 질서에서 미국이 최대 피해자라는 프레임을 각인시키며, 현대판 중상주의로 자국의 이익을 관철시키고자 합니다. 이는 미국 제조업 부흥을 위한 교역 질서의 변화이자, 과잉 부채 축소를 위한 새로운 금융 시스템의 제시입니다. 정치·경제·금융·기술·안보가 한 몸이 되어 새로운 시대의 질서가 시작되고 있습니다.

한국, 변화의 소용돌이 한가운데서

한국은 소용돌이의 가장 깊은 지점에 서 있습니다. 지난 30년의 질서에서, 우리는 중국의 부상을 발판 삼아 수출 강국으로 도약했고, 글로벌 가치사슬에서 확고한 위치를 차지했습니다. 하지만 새로운 질서 앞에서 이 모든 위협을 정면으로 마주하고 있습니다. 수년간 경제 성장률은 세계 평균을 밑돌고, 2025년 0%대 성장에 머물 것이라는 경고도 이어집니다. 더 큰 문제는 장기간 위험이 누적되면서 위기를 체감하지 못하거나, 인식하더라도 대안과 희망을 찾기 어려운 사회로 변해 가고 있다는 점입니다. 끓는 물 속 개구리처럼 우리 경제가 직면한 위험에 스스로 둔감해지고 있는 것은 아닌지 걱정이 앞섭니다.

불편한 현실과 마주하기

다소 불편한 과정이겠지만 우리 경제가 직면한 위험을 냉정히 인식해야 합니다. 이번 위기는 단순한 경기 변동이 아닙니다. 한 세대 동안 작동했던 성장 패턴이 더 이상 통하지 않는 구조적 위험입니다.

내수시장은 이미 장기 침체의 경로에 들어섰습니다. 가계부채와 높은 부동산 의존도는 한국 경제에 위험의 뇌관이 되었고, 고령화와 저성장이 그 위험을 심화시키고 있습니다. 근로소득 증가의 한계 속에서 금융자산을 통한 새로운 소득 기반 마련이 절실합니다. 성장은 둔화되고, 물가·금리·신용 환경은 과거와 정반대로 역전되었습니다. 세계 경제 질서의 변화는 부채의 절벽에서 부동산으로 편중된 한국 가계자산의 대이동으로 이어져야 합니다.

기업은 위기의 파고 앞에서 더욱 취약해 보입니다. 반도체·자동차 같은 전통 제조업은 세계시장에서 치열한 경쟁에 직면했고, 신성장 분야에서는 글로벌 빅테크 기업들의 장벽이 높아지고 있습니다. 과거 일본이 겪은 '잃어버린 30년'과 현재의 한국이 너무도 닮아 있어 우려하지 않을 수 없습니다. 일본이 거품경제 붕괴 이후 구조조정과 혁신을 미루다가 경쟁력을 잃어버린 것처럼, 지금의 한국 기업들 역시 적기에 구조전환에 성공하지 못한다면 비슷한 궤적을 밟을 수 있습니다.

그래도 한국의 희망은 기업에 있습니다. 한국 기업에게 주어진 마지막 골든타임에서 경영 전략의 근본적 변화를 기대합니다.

정부의 역할은 점차 확대되고 있습니다. 과거 '작은 정부, 큰 시장'의 패러다임은 이제 더 이상 유효하지 않습니다. 공급망 확보, 기술 주권, 인구 구조 대응, 재정 지속 가능성까지 큰 정부에 더 큰 책임과 역할을 요구하고 있습니다. 이재명 신정부의 출범과 함께 예상을 넘어선 추경 집행과 KOSPI 5,000pt를 목표로 한 금융시장 육성 정책에 대한 기대가 높아지고 있습니다. 다만 추경 집행은 민생 경제에 마중물 역할을 자처하지만, 구조적 문제의 근본적 해결책은 되지 못합니다. 기축통화국이 아닌 한국의 재정 한계는 분명하기 때문입니다. 재정 확대를 추진하는 현 정부는 마지막 남은 총알의 소중함을 잊지 말아야 합니다. 단순한 재정지출을 넘어 잠재된 위험을 해소하는 구조 개혁에 반드시 성공해야 합니다.

『한국의 미래』를 읽는 독자들에게

이 책은 세 개의 큰 축으로 구성되어 있습니다. Part 1에서는 미국 주도의 세계 경제 질서가 어떻게 변화되고 있는지를 거시적 시각에서 조망했습니다. 트럼프 체제의 정책, 미국·중국·유럽·일본의 전략 변화, 그리고 그 속에서 한국이 직면한 도전과 기회를 살펴보았습니다. Part 2에서는 한국의 미래를 조망합니다. 가계·기업·정부라는 3대 경제 주체별로 구분해 구체적 대안은 무엇인지, 그리고 우리가 놓치기 쉬운 구조적 리스크와 순환적 기회를 어떻게 구분해야 하는지를 폭넓게 다뤘습니다. Part 3에서는 기술혁신을 대하는 시각을 넓혀드리고 싶었습니다. AI 메가사이클과 소버린 AI 전략, 기술혁신의 다섯 단계, 그리고 산업과 시장이 맞이할 다음 국면과 유망투자 테마까지 제시해 보았습니다.

모든 상황이 암울하기만 한 것은 아닙니다. 희망의 단초는 분명히 존재합니다. 골든타임의 기로에 선 지금, 우리는 단순한 예측을 넘어 실질적 대응 전략을 강구해야 합니다.

저는 이 책을 단순한 현상의 설명이나 주식투자 전략을 제시하는 목적만으로 저술하지 않았습니다. 각 장의 말미에는 정부·기업·가계가 당장 실행할 수 있는 현실적 제언까지 담았습니다.

금융시장에서 매일의 변화를 읽어온 애널리스트의 경험으로, 각 주체가 취할 수 있는 실질적 방향을 제시하고자 했습니다. 물론 이 제언들은 완벽하지 않을 수 있습니다. 그러나 지금 필요한 것은 완벽한 해답이 아니라, 행동을 시작하게 만드는 혜안일 것이라 믿습니다.

마지막으로 이 책을 선택해 주신 독자 여러분께 부탁드립니다. 이 책을 읽으며 동의하지 않는 부분이 있더라도, 그것을 시작점으로 삼아 스스로의 방향성과 결론을 만들어 주시기를 바랍니다. 시장과 세계는 정답이 없는 무대이고, 금융시장은 마치 생물과 같이 변화합니다. 다만 준비한 자에게 기회가 찾아오고, 위기의 정점은 준비된 누군가에게는 기회의 발판이 되었다는 사실만은 변함이 없습니다. 새벽은 언제나 준비된 자의 발걸음 위에 만빛을 드리웁니다. 이 책이 여러분의 준비를 돕는 작은 이정표가 되기를 희망합니다.

박석중

| 목차 |

서문 마지막 골든타임의 문턱에서   005

PART 1
세계 경제의 대전환이 시작된다

01 · 트럼프 2기, 한국 경제의 새로운 도전

세계를 뒤흔든 트럼프발 위험   020
미국은 더 이상 위대하지 않다?   023
미국의 흥망성쇠를 예견한 세 구루   024
사회 질서의 붕괴까지 시작된 미국   028

02 · 30년 주기로 재편된 세계 경제 질서

첫 번째 30년: 브렌턴우즈 체제 (1944~1980)   033
두 번째 30년: 플라자합의 체제 (1980~2010)   034
세 번째 30년: 중국 편입 체제 (1995~2025)   035
네 번째 30년: 트럼프 체제 (2025~?)   036

03 · 미국 주도로 구축된 경제, 금융시장 질서

중국을 세계의 공장으로 육성한 미국   037
첨단 제조업의 부가가치를 독식한 미국   041

04 · 트럼프가 제시하는 새로운 경제 질서

Make America Great Again!   046
미국 제조업 육성을 위한 최적의 정책 조합   048

05 · 트럼프 시나리오

상수와 변수를 구분하는 이유   054
더 큰 위험이 기다리고 있다   055
미·중 분쟁 시나리오 제시와 대응 전략   060

06 · 한국이 직면한 구조적 위험과 순환적 기회

한국에 찾아올 구조적 위험   067
재정 확대 요구, 보다 큰 의미 부여가 필요하다   070

07 · 금융시장 패러다임의 전환

한국 경제의 역사적 변곡점   075
과거 경험치가 작동하지 않는 금융시장   078

08 · 투자 자산별 포트폴리오 전략

주식: 새로운 포트폴리오 전략이 필요하다   083
채권: 패러다임 전환의 인식   090

09 · 위험의 중심에 선 한국, 이때 필요한 우리의 자세는?   095

PART 2
한국의 미래: 마지막 골든타임의 문턱에서

10 · 0% 성장, 위험에 직면한 한국 경제

0% 성장에 진입한 한국 경제   100
한국이 직면한 구조적 위험   102
3대 경제 주체의 기형적 성장   104

11 · 가계篇 : Great Rotation, 한국판 가계자산 대이동

끝이 보이지 않는 내수 침체   109
가계부채 증가와 부동산 과열이 야기한 위험   111
정부 정책 변화에 주목해야 하는 이유   116
가계자산의 대이동을 준비하라   121
우리는 왜 그토록 부동산에 집착했을까?   122
가계자산 포트폴리오 변화의 골든타임   127
지금 주목해야 할 투자 대안   130

12 · 기업篇 : 그래도 한국의 희망은 기업에 있다

사면초가의 한국 기업   137
제조업 패권 대이동의 역사   139
정면교사의 대상, 일본의 잃어버린 30년   143
일본의 몰락이 한국에 남기는 시사점   148

일본 기업 구조조정의 이면, 케이레츠의 함정	149
한국 10대 그룹, 포트폴리오 재편이 필요하다	154
한국 기업에 바치는 두 가지 제언	159
잘할 수 있는 비즈니스를 포기해야 하는 이유	164
한국 기업의 옥과 석, 명과 암이 갈리고 있다	165

13 · 정부篇: 신정부 구조개혁에 거는 기대

변화된 정부의 역할론	170
신정부의 다섯 가지 아젠다	173
정부지출 700조, 경기 회복의 마중물이 되어줄까?	176
미국과의 무역 협상, 근거 있는 자신감이 필요하다	182
신정부 최우선 정책 과제, 산업 육성	186
KOSPI 5,000과 강남 부동산 안정, 달성할 수 있을까?	190
한국판 대전환을 준비하는 정부	201

PART 3
기술혁신: 장기 파동의 이해

14 · 기술혁신으로 연결된 전 세계
　세계 경제의 변곡점에는 기술혁신이 있었다　　　　208
　새로운 힘의 패권은 누가 차지할 것인가　　　　　209

15 · 세계 경제를 좌우하는 기술혁신 파동
　경제 질서보다 강한 기술혁신　　　　　　　　　　212
　경기 순환 주기로 읽는 기술혁신 파동　　　　　　217

16 · 관세전쟁의 역설, 기술혁신 가속화 시대의 도래
　트럼프 위기, 역발상적 접근이 필요하다　　　　　223
　위기를 기회로 만든 역사적 사례들　　　　　　　　225
　결국 생존한 기업만이 모두를 독식한다　　　　　　228

17 · AI, 메가사이클의 서막
　AI산업, 아직 시작도 안 했다　　　　　　　　　　230
　가파른 AI 확산 속도, 그 이유는?　　　　　　　　231
　S-커브로 보는 AI산업의 성장 경로　　　　　　　233
　AI가 주도할 5년의 강세장　　　　　　　　　　　235

18 · AI 넥스트 스테이지, 기술혁신의 다섯 가지 단계

기술혁신의 5단계   241
우리는 지금 어느 단계일까?   244

19 · 글로벌 AI 생태계의 이해

다섯 단계로 완성되는 AI 생태계   247
AI 밸류체인의 핵심, 인프라 주권   249
미국과 중국이 과점하는 AI 생태계   250

20 · 한국형 AI, 소버린 전략의 성패는?

소버린 AI 구축의 국가 대전략이 시작됐다   255
한국형 소버린 AI 구축 전략   259

21 · 기술혁신에 대비하는 우리의 자세

AI가 불러온 산업혁명의 최정점   263
자본가의 시선으로 기술혁신에 편승하라   268
AI 시대 구체적 투자 전략   270

PART 1
세계 경제의
대전환이 시작된다

트럼프 2기, 한국 경제의 새로운 도전

세계를 뒤흔든 트럼프발 위험

트럼프발 위험이 전 세계 정치, 경제, 금융시장 모두를 뒤흔들고 있습니다. 대한민국은 높은 수출 의존도와 미국과 중국 중심의 제조업 기반을 가지고 있습니다. 때문에 미국 주도의 보호무역주의와 국제 안보 재편이라는 거대한 변화 속에서 가장 큰 타격을 받는 국가로 거론되고 있습니다

여기에 트럼프 관세 정책에 따른 교역량 축소는 물론, 미·중 분쟁 심화로 인한 공급망 불안정은 한국 정부와 우리 기업 모두에게 엄중한 위협으로 다가오고 있습니다.

트럼프 2기 행정부는 지난 1기와 비교해 정책 강도와 집행 속도 모두에서 뚜렷한 차이가 나타납니다. 우선 취임 100일 만에 143건의 대통령 행정명령[1]을 발동하며(1기 24건에 불과했던 것과 대비) 역대 대통령 중 최대 기록을 세웠습니다. 이에 세계 통상, 금융, 자원, 안보는 물론, 미국 사회 시스템 전반에 걸쳐 위험이 고조되고 있습니다.

정치적 기반이 부재했던 트럼프의 1기 정책은 자신이 지명했던 백악관 수뇌부는 물론 공화당의 문턱도 넘지 못했습니다. 트럼프는 워싱턴 엘리트들의 저항으로 좌초됐던 지난 날의 실패를 교훈 삼아 바이든의 재임 기간, 칼날을 갈며 전열을 정비했습니다.

자신의 싱크탱크를 통해 거대하고 치밀한 정책 아젠다를 준비했고, 공화당 내 확고한 입지를 다져 상하원 모두에서 과반을 수성, 입법과 행정 모두를 장악했습니다. 2기에 들어선 트럼프는 보다 큰 그림을 그릴 만큼 성숙해졌고, 정책 집행에 영향력을 높일 만큼 노련해졌습니다.

트럼프의 속내를 예측하는 다양한 시각이 충돌하면서 오히려 정책 불확실성이 고조되고 있습니다. 우리가 기억하는 트

---

[1] 대통령 행정명령: 미국 대통령이 의회의 동의 없이 행정부에 직접 지시할 수 있는 명령 수단으로 트럼프 1기에는 백악관 참모들과 공화당의 반대로 대부분의 행정명령이 좌초된 경험이 있다.

럼프의 경험치는 크게 두 가지로 요약됩니다. 바로 부동산 개발자이자 비즈니스맨으로서의 성취, 그리고 제45대 대통령으로 백악관 재임 기간 동안 쌓은 경험입니다. 이는 미국의 국익을 최우선하는 '실리주의'를 바탕으로 한 '협상주의' 노선으로 이어지며, 결과적으로 미국 경제와 주식시장의 절대적이고 상대적인 강세로도 귀결되었습니다.

트럼프의 관세 정책, 미·중 분쟁, 그리고 글로벌 공급망 파괴는 수입 물가 상승을 자극하여 인플레이션을 유발하고, 결국 구매력 위축까지 야기하는 스태그플레이션으로 귀결될 것이라는 우려를 낳고 있습니다. 정책 시행의 기회비용에서 득보다 실이 더 커 보이는 이유도 이 때문입니다.

결국 트럼프는 '협상주의' 틀 안에서 협상력을 높이는 레버리지 수단으로 관세를 활용하고 있으며, 이 때문에 금융시장 참여자 다수가 관세 정책과 미·중 분쟁 불안을 결국 해소될 위험으로 인식하고 있습니다.

따라서 트럼프의 관세 정책에 대한 위험은 확산에서 해소로 전환되고, 주가는 조정과 회복의 경로를 보일 것으로 예상됩니다. 실제로 현재 미국의 실물 경제와 주식시장 흐름 역시 이와 유사한 궤적을 그리고 있습니다. 하지만 과연 그럴까요?

미국은 더 이상 위대하지 않다?

트럼프 정책 노선은 단순히 무역에서의 실리를 넘어, 구조적 위기에 직면한 미국의 재건(MAGA, Make America Great Again)에 뿌리를 두고 있습니다. 이는 미국 우선주의라는 틀 안에서 더 큰 그림의 구조 전환, 즉 새로운 황금시대(Golden Age)를 향한 재건을 꾀하고 있는 셈이죠.

'미국을 위대하게 재건하겠다'는 트럼프 캠프의 정책 슬로건이 대중에게 깊이 파고들 수 있었던 배경은 어쩌면 '미국이 더 이상 위대하지 않음을 체감'한 위기감의 방증일지도 모릅니다.

미국의 패권은 정말 쇠락의 경로에 접어든 것일까요? 미국의 장기 순환 주기를 정치, 경제, 금융, 사회, 도덕 시스템 전반에 투영해 보면, 미국은 이미 패권국의 구조적 쇠락 주기에 진입했음을 알 수 있습니다. 동시에 부채 주도의 성장 또한 임계치에 직면했습니다. 빈부격차 확대가 야기한 계층 간 갈등과 법률 및 제도, 사회 시스템의 재정립 구간에 놓여 있다는 점 또한 부정할 수 없습니다.

트럼프가 강조한 미국 재건의 큰 그림은 궁극적으로 '대전환(Great Rotation)'이라는 지향점으로 이어집니다. 이를 이해하려면 장기적 시각을 갖고 역사적 흐름까지 읽어내야 합니다.

미국은 다수의 집단지성이 아닌, 상위 0.1%가 설계한 시스템을 기반으로 패권국의 반열에 오른 나라입니다. 트럼프 대선 캠프와 2기 백악관 참모진 또한 미국이 직면한 이 모든 위협과 변화의 필요성을 충분히 인식하고 있죠. 따라서 트럼프노믹스를 단순히 단기적인 실리로 해석하여 불확실성 확산과 타협의 경로로만 이해해서는 안 됩니다.

미국의 흥망성쇠를 예견한 세 구루

그렇다면 현재 미국이 직면한 위기의 본질이 무엇이며, 트럼프 2기는 어떠한 큰 그림을 가지고 미국의 재건을 진행해 나가려는 걸까요? 먼저 장기 순환 주기를 바탕으로 미국의 흥망성쇠를 해석한 세 명의 구루(레이 달리오, 조지 프리드먼, 니얼 퍼거슨)의 혜안을 짚어봐야 합니다.

이들은 미국 패권의 역사가 100년을 이어왔고 아직 그 힘의 우위를 부정할 수 없으나, 쇠락의 단계에 접어들었음을 공통적으로 지적했습니다. 상당한 설득력을 가진 주장입니다. 100년, 80년, 50년의 장기 순환 주기로 미국 패권의 쇠락과 시스템의 한계, 제도의 재편까지 강조하고 있는 것입니다. 세 명의 구루가 강조한 미국 경제 대전환의 필요성을 트럼프노믹스로 확장해 설명하겠습니다.

레이 달리오는 월가 최대 헤지펀드 창업자로 금융인의 시각에서 미국의 대주기를 보여줍니다. 그는 패권국의 흥망성쇠를 반복된 주기로 설명하며, 미국 제조업의 경쟁력 상실과 달러 시스템의 한계를 지적했습니다. 조지 프리드먼은 정치적 그리고 지정학적 관점을 통해 미국의 위기를 설명하며 헌법, 제도, 구조 재편의 필요성을 강조했습니다. 니얼 퍼거슨은 사회학자 시각에서 사회 시스템의 한계와 신뢰 붕괴로 구조적 위험이 확대되고 있음을 경고했습니다.

흥미로운 점은 세 사람의 결론이 충돌하고 있다는 것입니다. 레이 달리오는 비교적 중립적인 시각에서 미국 경제 구조 전환의 필요성을 강조했지만, 조지 프리드먼은 지정학적 우위를 근간으로 시스템 재정립 이후 패권 연장과 성장 지속에 대해 낙관적인 주장을 펼쳤습니다. 반면 니얼 퍼거슨은 사회 및 제도 시스템 붕괴의 현실을 강조하며 더 이상 되돌릴 수 없는 위험이라는 비관론을 제시했습니다.

이렇게 미국이 직면한 패권국으로서의 위기와 사회 시스템 개혁의 본질을 짚어보면 트럼프가 제시하는 새로운 세계 경제 질서의 밑그림을 그려볼 수 있습니다.

미국 패권의 쇠락과 전환의 필요성을 강조한 3명의 구루

	레이 달리오 (Ray Dalio) 	조지 프리드먼 (George Friedman) 	니얼 퍼거슨 (Niall Ferguson) 
전문 분야	글로벌 헤지펀드 창업자	지정학, 정치사	역사, 제국사
주요 저서	『변화하는 세계 질서』 (2022)	『다가오는 폭풍과 새로운 미국의 세기』(2020)	『위대한 퇴보』(2013)
대주기	축적 → 버블 → 신뢰 붕괴 → 리셋	위기 → 재정립 → 번영 → 분열	제도 융성 → 신뢰 약화 → 붕괴/재편
프레임	부채/금융 사이클 _100년 주기	정치적 순환 주기 _80년 주기	제도, 신뢰의 붕괴 _50~10년 주기
핵심 변수	민간·공공 부채, 금리	제도 효율, 세대 갈등, 지역 격차	법치, 시장, 시민사회 신뢰
분석 단위	국가 간 패권, 기축통화	미국 내부 정치 구조	서구 제도 지속성
쇠퇴 원인	과도한 부채, 통화 팽창	제도, 지역·세대 갈등	법치·사회·신뢰 붕괴
현재 국면	쇠락, 통화질서 위기	위기-재정립 전환기	내부 해체 진행 과정
미래 경로	성장 구도 변화 → 디레버리징	제도적 재정립 → 안정기 도래	시스템 전환 → 구조적 위험 확대
핵심 메시지	금융·제도 신뢰 붕괴	정치·헌법 제도, 구조 개편	사회 신뢰 파괴 → 몰락

출처: 신한투자증권

 과거 패권국의 역사를 살펴보면, 패권의 역사는 100년을 넘어서지 못했고 흥망성쇠의 과정 또한 유사한 패턴을 보여 왔습니다. 패권 형성의 세 가지 필요충분조건은 압도적인 군사력 우위, 강력한 제조업 기술력, 그리고 사회를 통치하는 시스템 구축입니다.

 문제는 패권이 강화되면 구조적 모순에 봉착할 수밖에 없다는 점이죠. 패권의 지위가 강화되면서 시작된 국민소득(=인건비) 증가는 생산성 저하(=경쟁력 약화)로 이어져 제조업 생산기지 이탈을 야기했습니다.

이는 다시 무역 적자 확대로 귀결됩니다. 무역 적자 확대에 따른 달러 방출은 기축통화 시스템을 견고히 하는 것처럼 보였습니다. 그러나 제조업의 공백은 무역 적자에 이어 재정 적자 확대로 이어졌고 미국이 부채의 함정에 빠질 수밖에 없게 만들었습니다.

숫자로 보면 더욱 명확합니다. 1차, 2차 세계대전 이후 세계 경제에서 미국의 제조업 비중은 50%에 육박했지만, 생산기지 이탈로 인해 현재는 20% 이하 수준까지 하락했습니다.

누적된 무역과 재정 적자로 국가 부채는 GDP의 100%를 초과했고, 재정지출 내 이자 지출은 국방 예산까지 상회하며 1조 달러에 근접했습니다. CBO(미국의회예산국) 추정대로라면, 2030년에는 재정 적자의 절반이 이자 비용이 될 전망입니다. 과거 이자 비용이 국방비를 넘어선 패권 국가들이 결국 패망의 길로 접어들었다는 공통적인 경험은 시사하는 바가 큽니다.

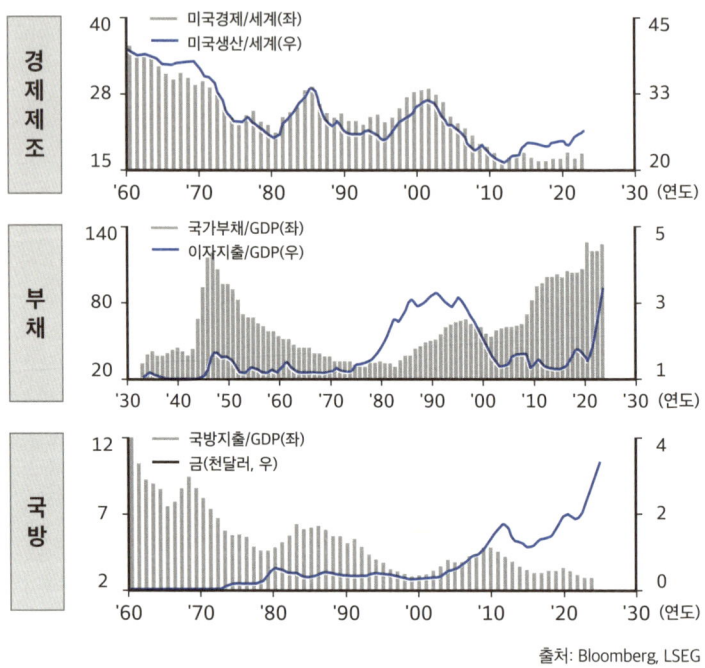

출처: Bloomberg, LSEG

사회 질서의 붕괴까지 시작된 미국

　기존 질서가 누적한 위험은 이미 사회적 임계치에 도달한 상태입니다. 훼손된 제조업의 빈자리를 메운 부채 주도의 성장은 과잉 유동성을 야기했고, 이는 자산가격 버블과 빈부격차 확대라는 시스템 위험으로도 이어졌습니다.
　얼마나 심각한 수준일까요? 빈부격차를 의미하는 미국의

지니계수는 OECD 국가 중 가장 높은 수준이며, 카스트 제도를 유지했던 인도와도 유사한 수준입니다.

미국 사회 시스템 분열과 붕괴 위험의 본질은 바로 이러한 비대칭적 성장이 야기한 결과입니다. 미국은 이민자의 침략과 정복으로 건국된 국가입니다. 건국은 곧 침략이었고, 그들이 지키려 했던 자유는 누군가의 상실 위에서 시작되었습니다. 프랑스의 정치철학자 알렉시스 드 토크빌(Alexis de Tocqueville)은 미국 사회가 태생적으로 이상주의와 물질주의, 민주주의와 배타성이 교차하는 '역설적 구조'를 안고 있음을 지적했습니다. 이러한 역설은 모순을 야기했고, 미국은 250년 역사에서 **'다섯 번의 대주기'**를 거치며 진화해 왔습니다.

대주기의 변곡점에는 공통적으로 사회적 혼란이 가중되었고 전쟁과 경제위기가 발생했습니다. 헌법, 문화, 기술혁신 등의 다양한 변수도 작용했습니다. 서부 개척과 노예제, 남북전쟁, 산업화, 대공황과 뉴딜, 두 차례의 세계대전과 냉전 이후의 패권 확장, 마지막으로 금융자본의 승리와 제조업 쇠퇴에 이르기까지. 각 주기별 파도는 이전 사회 시스템을 쓰러뜨리고 새로운 질서를 탄생시켰습니다.

2020년, 미국은 또 다른 대주기 탄생의 변곡점에 위치하게 됩니다. 2020년에서 2030년까지가 다섯 번째 대주기의 변곡점으로 판단되며 이는 트럼프 임기와 궤를 같이합니다.

앞서 강조한 패권 국가의 지난 역사가 증명하듯, 극심한 분열과 위기는 새로운 질서를 향한 문턱일 수 있습니다. 하지만 그 질서는 결코 저절로 오지 않습니다. 대공황기의 뉴딜 정책과 마셜 플랜, 냉전기의 체제 경쟁은 모두 극단적인 균열 속에서 탄생했습니다.

현재의 미국이 필요로 하는 것은 근본적인 사회 시스템의 재구성입니다. 문제는 트럼프의 방향성입니다. 그는 포용 대신 대립을 우선하고, 이해 대신 실리, 분배보다 성장을 중시하고 있습니다. 미국이 주도한 세계 경제 질서 변화는 필연적인 선택일지 모르나, 사회적 갈등 해소 가능성에는 의문이 남습니다. 더 나아가 미국이 세계에 뿌리내린 민주주의와 인권, 평등의 가치 변화가 한국에 어떠한 영향을 미칠지도 주목해야 합니다.

30년 주기로 재편된 세계 경제 질서

세계 경제는 지난 수 세기 동안 국제 무역의 번영과 기술 혁신을 통한 생산성 개선의 큰 추세 속에서 흥망성쇠가 반복됐습니다. 세계 경제 성장의 핵심 동력은 교역 확대였습니다. 1800년대 중반 산업화가 시작되면서 산업기지가 형성되고, 운송 수단과 기술이 발전했습니다. 이로 인해 교역량이 가파르게 증가하며 세계 경제 성장을 촉진했습니다.

그러던 중 중대한 변곡점에 도래했습니다. 2차 세계대전 이후, 패권국의 지위가 유럽에서 미국으로 넘어온 것입니다. 이때부터 미국 중심의 국제 무역 확대와 세계화 시대가 개화했습니다.

여기서 흥미로운 패턴이 발견됩니다. 패권국 미국이 구축한 세계 질서가 30년 주기로 변화 과정을 거치고 있는 것입니다. 그리고 그 변화의 변곡점에는 항상 다음 네 가지 요소가 동반되었습니다. **첫째, 미국 제조업의 경쟁력 약화. 둘째, 과잉 부채와 과잉 유동성이 야기한 인플레이션. 셋째, 국제 정세의 불안과 지정학적 위험. 넷째, 새로운 기술혁신 사이클이 도래한다는** 점입니다.

현재의 환경과 너무나 많은 부분이 닮아 있어 우려를 표하지 않을 수 없죠. 2025년 트럼프 당선 이후 미국이 새로운 세계 경제 질서를 제시하고 있는 이유도 이와 같습니다. 기존 질

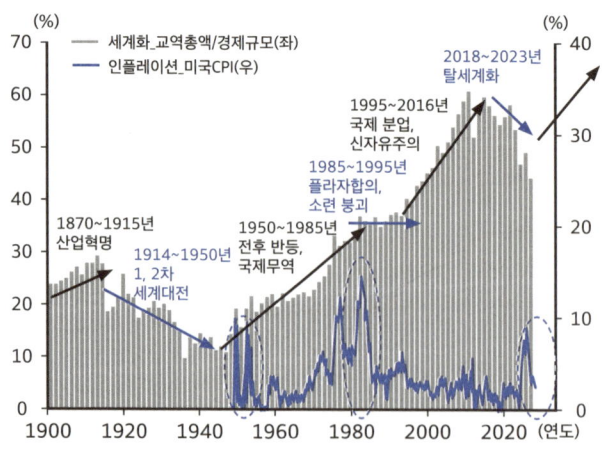

30년 주기의 세계 경제 질서 변화

출처: Bloomberg, LSEG

서부터 시작하여 새로운 질서의 큰 그림을 같이 이해해 보는 시간을 갖겠습니다.

첫 번째 30년: 브렌턴우즈 체제(1944~1980)

미국이 제시한 첫 번째 세계 경제 질서의 구축과 파괴 과정을 되짚어 보겠습니다. 1944년 2차 세계대전 종식 직전 미국은 주요국 경제 수장들을 브렌턴우즈(Bretton Woods)로 불러 모았습니다. 그리고 미국의 압도적인 경제·군사적 우위를 기반으로 금본위제를 통해 달러를 기축통화로 지정했고, 국제 무역 중심의 세계 경제 질서를 제시했습니다. 이것을 브렌턴우즈 체제[2]라고 부릅니다.

이후 미국이 제시한 경제, 통상, 금융, 안보 시스템에 편승한 국가들을 중심으로 전후 복원 수요와 국제 교역 확대가 맞물려 30년간 세계 경제 대호황을 이끌었습니다. 1950년부터 1980년까지의 다우존스 주가지수는 현재의 나스닥과 유사할 만큼 강한 경기와 그보다 강한 주식시장 랠리가 이어졌죠.

---

2 브렌턴우즈 체제: 1944년, 금 1온스를 35달러에 고정해 달러를 기축통화로 정한 국제 통화 시스템이다. 전후 세계 경제를 안정시키고 미국이 국제 금융의 패권국으로 부상하는 데 결정적 역할을 수행했다.

하지만 미국이 조성한 '평평했던 운동장'은 점차 미국에 불리하게 기울어지기 시작했습니다. 일본과 유럽이 미국의 제조업 경쟁력을 넘어선 것입니다. 1980년대에는 반도체·디스플레이, 자동차·조선과 같은 고부가가치 제조업뿐만 아니라 석유화학, 철강, 금속 등의 장치산업에서도 1위 기업들은 일본과 유럽 기업들이었습니다. 누적된 무역 적자와 과도한 재정 지출(국방+복지)은 현재의 미국과 유사하게 제조업 경쟁력 위축과 부채 문제를 야기했습니다.

두 번째 30년: 플라자합의 체제(1980-2010)

1980년대 중반 이후 미국은 자신이 구축했던 세계 경제 질서(기존 시스템)를 파괴하고 새로운 경제 질서를 수립했습니다. 플라자합의[3]를 통한 금융 규제와 첨단산업 기술 규제 압박이 시작되었고, 미·소 냉전의 확산은 지정학적 위험을 확대시켰죠.

결과는 극명했습니다. 미국의 압박으로 일본의 제조업은

---

3 플라자합의: 1985년 플라자 호텔에서 미국과 주요국이 달러 강세 완화를 위한 공동 개입에 합의한 사건. 이후 엔화가 급등하며 일본은 수출 둔화와 자산 버블을 겪었고 이는 일본 경제 몰락의 배경이 되었다.

'잃어버린 30년'이라는 장기 불황에 들어섰고, 유럽은 제조에서 소비 경제로 전환됐으며, 구소련은 붕괴되며 소비에트 연방은 해체되었습니다. 여기에 PC와 인터넷 기술혁신인 닷컴 버블로 미국은 압도적인 기술 우위까지 확보했습니다. 1990년 들어 미국은 또다시 제조, 기술, 금융, 안보 모든 면에서 압도적인 패권국의 지위를 복원했습니다.

세 번째 30년: 중국 편입 체제(1995~2025)

미국이 제시한 현재의 경제 질서는 1990년대 중반부터 시작되었습니다. 미국과 중국의 수교가 그 질서의 시작이라고 볼 수 있습니다. 미국의 주도로 중국이 WTO에 가입하면서 중국 중심의 글로벌 공급망이 구축되었고, 미국이 주도한 IT 혁신을 근간으로 국제 분업이 주도한 고성장이 지난 30년간 연출되었습니다.

하지만 이 또한 영원할 수 없습니다. 현재의 미국은 트럼프 2기를 시작으로 새로운 경제 질서를 제시하며 탈세계화, 그리고 미국 중심의 공급망 재편으로 선회하고 있습니다.

네 번째 30년: 트럼프 체제(2025~?)

다시금 30년 주기의 변곡점에 위치했습니다. 미국의 기존 질서 파괴와 새로운 성장이 금융시장에서 기회와 위협으로 공존하고 있습니다. 과거 역사의 큰 그림에서 현재를 해석하고, 미국이 그리는 새로운 경제 질서에 대비하여 한국 경제의 생존 전략을 준비해야 할 시점입니다.

미국이 주도한 세계 경제 질서의 변화

시기	1950	1970	1980	1995	2000	2010	2020	2030
국면	달러패권→자유무역	전환기	국제무역		세계화+국제분업	전환기	탈세계화 트럼프 집권	
사건	브렌턴우즈	금태환 정지	플라자 합의	소련 붕괴		서브프라임 사태	G2분쟁	코로나19

외교/군사	냉전	데탕트	탈냉전/세계화		신냉전	
통상/자원	자유무역	자원 민족주의	국제 분업	제조기지 이전		탈세계화
경제/정책	케인지언/큰 정부		레이거노믹스	재정지출 부활	재정긴축	신케인지언
금융/통화	브렌턴우즈	페트로 달러	통화주의			통화→재정
제조/기술	미국	일본-유럽	미국	중국	G2	미국
산업혁명	전후 복원	3차 산업혁명	→	→	4차 산업혁명	AI

출처: 신한투자증권

미국 주도로 구축된 경제, 금융시장 질서

지난 30년간 우리가 당연하게 여겼던 세계 경제는 과연 어떻게 작동하고 있었을까요? 익숙하지만 놓치기 쉬웠던 지난 30년간 구축된 기존 질서의 특징을 이번 장에서 이해해 보도록 하겠습니다.

중국을 세계의 공장으로 육성한 미국

현재의 세계 경제 질서는 1995년 미국과 중국의 수교, 그리고 미국 주도하에 이뤄진 중국의 WTO 가입으로 시작되었습니다. 미국은 달러를 기축통화로 한 압도적 군사 우위 아래, 중국을 세계 생산 기지의 중심으로 두고 글로벌 공급망(GVC)을 구축했습니다. 그 결과 변화된 교역, 생산망, 금융 시스템이 완성되었죠.

최소의 생산비용, 최적의 생산 효율, 최고의 기술 우위가 결합된 범세계적 생산 라인이 구축된 것입니다. 미국이 완성한 새로운 공급망에 참여한 모든 국가 간에 공생과 상생이 가능한 절묘한 시스템이 구축되었습니다.

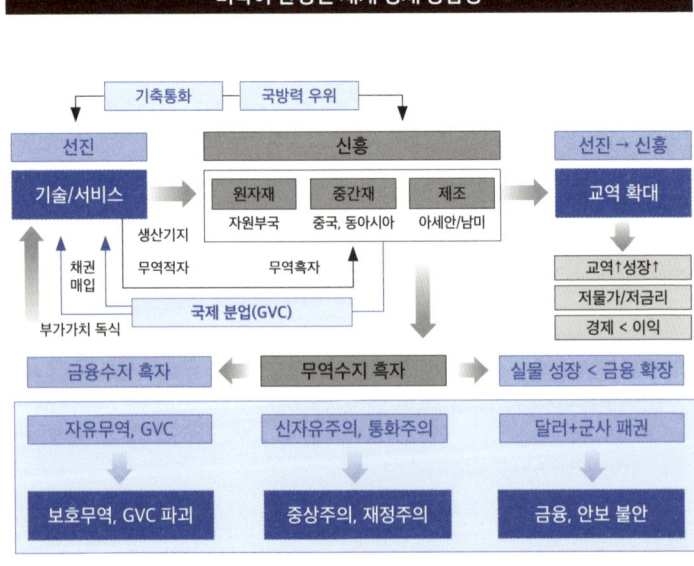

출처: 신한투자증권

1990년 이후 선진국의 기술, 자본, 생산 설비는 빠르게 중국 중심의 신흥국으로 이전됐습니다.

자원 부국의 천연자원은 마치 시중은행의 ATM과 다를 바 없었습니다. 달러만 보유하고 있다면 원하는 만큼, 원하는 시간에 인출(공급)받을 수 있었고 가격 변동의 헷지 거래까지 가능한 금융 시스템도 존재했습니다. 한국을 비롯한 동아시아 국가는 기술 우위를 바탕으로 고부가가치 제조업을 영위했고 인건비가 낮은 동남아시아, 남미 등의 잠재 신흥국은 범용 제조업의 생산기지 역할을 수행했습니다.

최소의 생산비용, 최적의 생산 효율, 최상의 기술 우위가 결합된 국제 공급망이 완성된 것입니다. 선진국의 다국적 기업은 신흥국으로 생산기지를 이동시켜 판매시장까지 확장했습니다. 신흥국은 생산기지 역할을 수행하며 소득 증가와 산업 구조화를 진척시킬 수 있었습니다. 2000년 이후 한국은 숭화학 공업을 시작으로 자동차, IT, 반도체 기술 우위까지 확보하며 미국이 완성한 경제 질서에서 최대 수혜국이 되었고, 아시아 다섯 마리 용 중 하나로 세계 경제 10위권 대열에 합류했습니다.

그런데 여기서 의문이 하나 생깁니다. 얼핏 봤을 때 이 시스템엔 중대한 불균형이 존재합니다. 신흥국이 생산의 지위를 독점하게 되면 선진국은 무역 적자가 누적되고 신흥국은 무

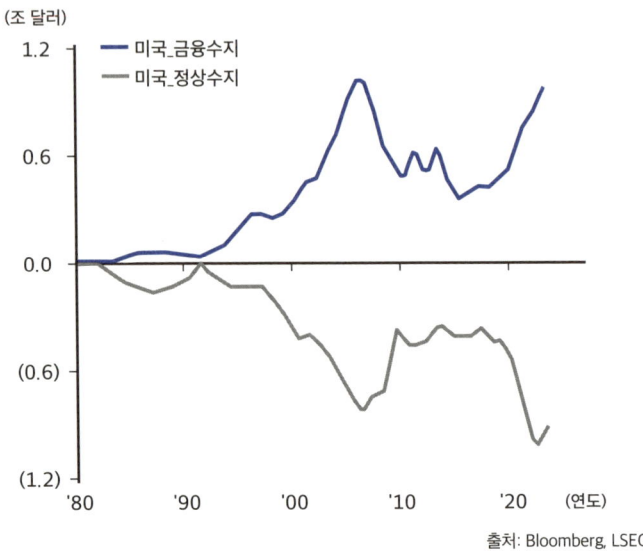

역 흑자가 쌓여지기 때문입니다. 하지만 이 시스템은 교묘하게 설계되어 있었는데, 무역 수지의 적자를 금융 수지의 흑자로 새로운 균형을 맞추고 있었던 겁니다. 즉, 신흥국은 늘어난 무역 흑자와 쌓인 외환 보유고만큼 미국 국채를 포함한 달러 표시 금융 자산을 매입해 주었는데 이를 달러 리사이클[4]이라고 말합니다.

이뿐만이 아닙니다. 지난 20~30년간 신흥국의 강력한 미

---

4 달러 리사이클: 수출국이 벌어들인 달러를 다시 미국 국채 등으로 재투자하는 흐름을 의미한다. 달러 패권이 유지되는 메커니즘이며, 글로벌 유동성과 금리의 구조적 연결고리다.

국 국채 매입에 영향으로 저금리 환경까지 조성할 수 있었습니다. 결과적으로 미국은 저금리로 부채 확대와 소비 중심의 경제 구도 전환까지 가능하게 하는, 그야말로 완벽하게 설계된 세계 경제 질서를 완성했습니다.

첨단 제조업의 부가가치를 독식한 미국

'왜 미국은 부채의 위험을 감수하면서까지 세계 경제 모두의 번영을 책임지려 했을까?'라는 의문이 들 수도 있습니다. 미국이 그만큼 관대하고 정의로운 나라여서 그랬을까요? 아니겠죠. 미국이 구축한 중국 중심 글로벌 공급망의 최대 수혜자는 바로 미국 그 자신이었습니다.

미국의 다국적 기업은 자신이 완성한 먹이사슬 최상단에 포진해 첨단산업이 창출한 부가가치를 독점했죠. 다시 말해, 지난 세계 경제 질서의 최대 수혜자는 S&P500에 편입된 미국의 다국적 기업입니다.

세계 시가총액 1~3위를 차지한 미국 기업을 예로 설명해보죠. 엔비디아, 마이크로소프트, 애플이 보유한 공장을 모두 합치면 0개입니다. 이들은 제조설비 하나 없이 두 가지 설계만으로 현재의 지위에 올라섰습니다. 첫 번째 설계는, 최소의 생산 비용을 통한 최대의 마진을 확보하게 하는 생산 공정의 설계입니다. 둘째, 글로벌 최상위 기술을 구동할 반도체 칩 하나를 설계하며 전 세계 기술 산업의 부가가치를 과점했습니다.

숫자로 보면 더욱 놀랍습니다. 엔비디아의 H100 반도체칩 한 장을 5,000만 원 이상의 출하가격에 70~80%의 마진을 독식했고, 출고가 180만 원인 애플 아이폰은 43개 국, 187개 공장에서 제품으로 출시되면서도 애플 혼자 70%의 마진을 독점합니다. 애플이라는 기업 하나의 시가총액이 대한민국 전체 시가총액을 넘어선 지 6년에 가까워지고, 애플이 보유한 현금성 자산(해외 법인 포함)은 KOSPI 3년 영업이익에 버금갑니다. 2024년 애플이 자사주 매입에 사용한 비용은 약 1,100억 달러(원화로 150조 원)이며, 이는 한국 시가총액 2위 기업인 SK하이닉스 시가총액과 독일 3사(벤츠, BMW, 아우디)의 시가총액 합계에 버금가는 규모입니다.

미국이 조성한 글로벌 공급망의 특성을 스마일 커브(Smile Curve)[5]로 접근하면 보다 흥미롭습니다. 스마일 커브란 대만의 컴퓨터 회사 에이서의 창업자 스탠 시가 제시한 이론으로, 말

---

5 스마일 커브: 생산·유통 가치사슬에서 양 끝단인 연구개발(R&D)과 마케팅의 부가가치가 가장 높고, 중간 제조공정은 가장 낮은 구조를 뜻한다. 글로벌 공급망에서 한국의 위치를 인식하고 위험을 경고하는 이론으로 자주 인용된다.

그대로 '스마일 이모티콘' 형상의 가치 분배 구조를 의미합니다.

곡선의 양 끝, 즉 웃는 입모양을 형성하는 양쪽 끝에는 원천기술과 설계, 브랜드(IP, 지식재산권) 보유 기업이 자리하며 이들이 부가가치를 독점하는 구도입니다. 반면 곡선의 중앙에 해당하는 제조·조립 공정은 상대적으로 낮은 부가가치에 그치게 됩니다.

현재의 글로벌 공급망에서 미국은 스마일 커브의 좌측과 우측, 즉 R&D와 브랜드 경쟁력을 모두 선점했고 첨단산업의 핵심 이익을 과점했습니다. 반면, 중국은 생산 우위를 기반으로 낮은 부가가치의 생산, 조립, 가공에 집중했습니다.

생산 체인 / 시장 진출 경로

출처: Bloomberg, LSEG

한국, 일본, 대만은 고부가가치 중간재를 통해 미국과 중국 관계의 연결고리를 완성했고, 그 과정에서 낙수효과(Spillover effect)[6]도 누려왔죠. 하지만 이제 게임의 룰이 바뀌고 있습니다.

최근 기존 질서에 뚜렷한 균열이 확인되고 있습니다. 미국이 단순한 기술 개발과 설계에 머물지 않고, 생산 영역으로까지 확장하고 있는 것입니다. 중국의 변화도 우려스럽기는 마찬가지입니다. 〈중국 제조 2025〉[7]의 괄목할 만한 성과는, 중국이 단순한 생산공정 단계에서 나아가 첨단산업에서의 기술 자립과 원천 기술 확보를 통해 미국에서 벗어난 새로운 첨단산업 생태계를 조성하는 단계까지 진화했음을 보여줍니다.

G2가 파괴하는 스마일 커브는 국제 분업 구도의 파열을 의미할지 모릅니다. 미국과 중국이 기술과 브랜드뿐 아니라 제조까지 직접 장악하게 된다면, '중간재를 통해 부가가치를 창출해 온' 한국, 일본, 대만의 기존 생산망을 재편하고, 이는 산업 경쟁력에 심각한 위협을 가할 수 있습니다.

이뿐만이 아닙니다. 글로벌 최적의 공급망 파괴 위험은 기업 이익 훼손으로 이어져 주식시장에 가장 큰 위험이 될 수

---

6 낙수효과: 찻잔에 가득찬 물이 흘러 넘치는 효과를 의미한다. 선진국이나 대기업, 부유층의 소득 증가가 신흥국과 중소기업, 서민층으로 자연스럽게 흘러내려 가는 경제적 효과를 지칭한다.
7 중국 제조 2025: 중국 국무원총리 리커창이 제조업 활성화를 위해 2015년 5월에 공개한 전략으로 중국의 제조업을 디지털화하고 자동화하며 혁신하려는 목표로 시작되었다.

있습니다. 글로벌 최적의 공급망을 활용해 부가가치를 독식했던 애플, 나이키 등 다국적 기업의 주가 하락도 이와 무관하지 않은 변화입니다.

트럼프가 제시하는 새로운 경제 질서

기존 경제 질서에 대한 이해는 이 정도면 충분해 보입니다. 이제 가장 중요한 질문에 다다르게 되었습니다. 기존 질서를 파괴하고 있는 트럼프의 속내는 도대체 무엇일까요? 이번 장에서는 트럼프가 제시하는 새로운 경제, 금융, 안보 질서를 이해하는 시간을 갖겠습니다.

Make America Great Again!

트럼프가 제시하는 미국의 재건 정책은 현대판 중상주의

(Modern Mercantilism) 형태를 띠고 있습니다. 크게 세 가지의 특징이 확인되죠. 첫째, 세계화로 정의되는 지난 30여 년간의 세계 경제 질서에서 미국이 최대 피해자라는 프레임을 각인시키려 합니다. 이는 중국 중심의 기존 공급망을 파괴하고 미국 주도의 새로운 공급망을 관철시키는 명분을 갖추게 합니다.

둘째, 경제 성장의 주체를 소비(서비스)에서 생산(제조업) 중심으로 이동시키는 것을 목표로 합니다. 이 과정에서 관세의 압력은 미국 내 생산기지 구축을 가속화하는 효과로도 확산됩니다.

셋째, 무역 적자 축소 이후 재정 적자 축소 정책까지 예상되며 이는 국제 금융 질서 변화를 통해 디레버리징(Deleveraging, 부채감축)을 가속화하는 원대한 계획입니다.

트럼프 행정부가 지지율 하락의 정치적 리스크를 감수하면서까지 관세를 강행하는 이유는 제조업 재건이 포기할 수 없는 최우선 정책 피줄이기 때문입니다.

미국의 일방적인 관세 정책은 미국과 비미국 간의 경제적 낙수효과와 금융시장 동조화 흐름을 파괴할 가능성이 높습니다. 이로 인해 미국 금융자산의 상대 우위마저 훼손될 수 있다는 우려도 나옵니다. 미국 경제의 상대적 우위를 확보할 수 있을지 모르나, 주식·채권시장의 절대적 충격에서 영원히 자유로울 수는 없습니다.

한 가지 명확한 것은 방향성입니다. 트럼프가 제시한 새로운 경제 질서는 국제 분업에서 자국 우선주의로, 세계화에서 탈세계화로, 단일 패권에서 다자 간 패권으로의 변화를 이끌고 있습니다. 이 모든 것은 미국 중심의 생산기지 구축을 위한 포석입니다.

하지만 현실의 장벽은 녹록지 않습니다. 미국의 1인당 소득은 8만 달러로, 4인 가구 기준으로 원화 5억 원에 이릅니다. 이는 중국의 6배, 아세안 국가의 20배를 상회하는 수준입니다. 따라서 중국 중심으로 구축된 기존 글로벌 공급망을 미국으로 재편하는 것은 결코 쉽지 않은 과정이 될 것입니다.

보다 노련해진 트럼프 2기는 현실적 저항과 험난한 과정이 예상됨에도 이 모두를 강행하려 합니다. 트럼프노믹스가 제시한 미국 제조업 육성 전략에 주목해야 할 시점입니다.

미국 제조업 육성을 위한 최적의 정책 조합

트럼프노믹스는 스태그플레이션[8]으로 귀결될 가능성이 높

---

8 스태그플레이션: 경기는 침체되는데 물가는 오르는 이례적인 인플레이션 상황을 말한다. 1970년대 오일쇼크 이후가 대표적인 사례이며, 오늘날 공급망 불안과 고물가 환경에서 재조명되고 있다. 대부분 장기 경기 침체를 야기한다.

습니다. 아직 관세 부과 최종 수위가 확정되지 않았지만, 결국 수입 물가 상승은 시차를 두고 인플레이션을 자극할 것이며 이는 구매력 위축을 야기하게 됩니다.

스태그플레이션 상황에서는 경기 둔화의 위험에도 물가 상승 우려가 존재해 경기 부양 수단이 제한됩니다. 결국 스태그플레이션은 장기 불황과 사회 시스템 전반을 위협하는 치명적인 위험을 야기해 왔습니다.

이러한 위험을 감수하면서까지 관세 정책을 시행하는 이유는 트럼프노믹스의 최우선 순위가 미국 제조업 재건에 있기 때문입니다. 트럼프는 미국의 생산비용 열위 해소를 최우선에 둔 최적의 정책 조합을 완성했습니다. 크게 다섯 가지 정책으로 요약할 수 있습니다.

> 첫째, 미국에서 생산하지 않는 기업에게 가장 높은 수준의 관세율을 적용합니다.
> 둘째, 미국에서 생산하는 기업에게 OECD 국가 중 가장 낮은 법인세를 징수합니다.
> 셋째, 미국에서 생산하는 기업에게 세계에서 가장 저렴한 에너지를 공급합니다.
> 넷째, 각종 규제는 완화하고 보조금 정책은 유지하나, 이는

> 미국 기업의 이익에만 집중됩니다.
> 마지막으로, 미국 제조업에 위험이 되는 달러 강세는 약세로 전환하고, 연준을 겁박해서라도 금리 인하를 유도해 기업 자금조달 금리 하락을 유도합니다.
> 결국, 트럼프노믹스의 본질은 미국 제조업 육성에 있고 이 놀라운 일들을 실행해 나가고 있습니다.

사실 미국 제조업 육성 전략은 트럼프 2기가 시작이 아닙니다. 이미 2009년 오바마 정부 1기부터 계획돼 치밀하게 진행되고 있었습니다. 여기서 정당의 논리를 넘어서는 미국의 주도면밀함을 확인할 수 있습니다.

각 정부별 정책 방향은 오바마(리쇼어링) - 트럼프(니어쇼어링) - 바이든(프렌드쇼어링)으로 구체화되며 가시적 성과까지 확인됩니다. 하나하나 짚어보도록 하겠습니다.

먼저 오바마 행정부는 리쇼어링을 위한 제도적 정비를 시작했습니다. 우리에게 친숙한 IRA(인플레이션 감축법안)의 초안도 오바마 정부에서 작성되었죠. 오바마 정부에서 시작된 제조업 육성 정책은 셰일가스와 농산품을 중심으로 한 1차산업이 근간이었습니다. 현재 미국은 G20 국가 중 유일하게 에너지와 농산품을 자립하며 최대 수출국 지위에 올랐습니다. 특

출처: 신한투자증권

히 셰일가스를 기반으로 한 미국의 원유 생산량은 원유 생산 상위 국가들의 카르텔인 OPEC 구성국 생산 총합의 절반 이상을 차지하며 세계 최대 원유 생산국으로 부상했습니다.

트럼프 1기에 들어서면서 무역 분쟁이 본격화되었습니다. 결과론적으로 당시의 정책은 실패한 것처럼 보입니다. 트럼프의 고율 관세에도 미국의 무역 적자가 역대 최대치를 경신했기 때문입니다. 하지만 트럼프의 관세 전쟁의 핵심 목표는 중국 중심 공급망의 파괴였습니다. 실제로 중국의 미국 수입 의존도는 22%에서 13%까지 절반 가까이 하락했고, 중국 공급망을 대체하는 전략적 생산 기지로 인도, 베트남, 멕시코 등의 국가들이 새롭게 부상했습니다.

바이든 내각에 접어들면서 미국의 제조업 육성 정책 강도는 더욱 높아졌습니다. 미국은 동맹을 통해 첨단산업 중심의 중국 공급망을 고립시켰습니다. Chip4, Quad+, IPEF 등이 대표적인 대중국 경제 동맹이었으며, 반도체 밸류체인 중 선단 공정 모두에 중국 수출 통제를 지시하기도 했습니다. 여기에 천문학적인 재정을 활용하여 미국 제조기지 구축을 위한 막대한 보조금까지 지원했습니다. IRA, CHIPS and Science Act,

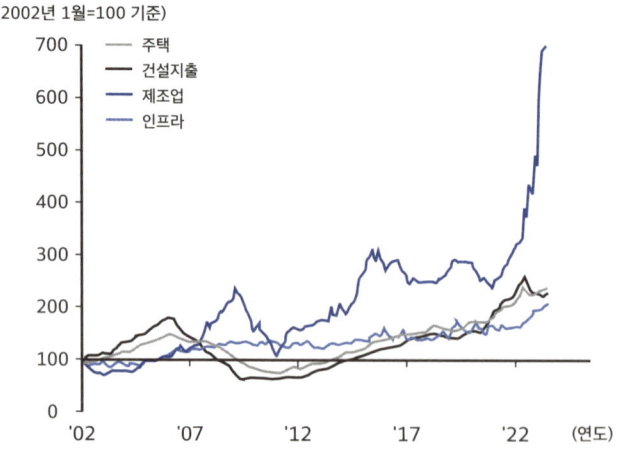

미국 제조업 설비투자의 빅사이클과 맞물린 트럼프 2기

출처: Bloomberg, LSEG

IIJA 등에 수천억 달러에 달하는 정부 예산이 집행되었고, 여기에 민간 기업 투자까지 합쳐지면서 1조 달러가 넘는 제조업 기지 투자가 실행되었습니다.

결정적 시점이 왔습니다. 트럼프 2기의 관세 정책은 1기와 뚜렷한 차이가 존재합니다. 바로 미국이 본격적인 생산 주기에 들어서면서 관세 집행의 영향력이 달라졌기 때문입니다.

2025년까지 가동 가능한 생산기지를 중심으로 한 2차전지, 태양광은 자국의 수요를 넘어선 생산이 가능합니다. 심지어 2026년부터는 2차전지, 태양광을 수출하지 않으면 미국 내 재고가 쌓이는 단계까지 진입합니다. 반도체 생산기지도 삼성전자 텍사스 공장을 시작으로 2026년부터 TSMC, SK하이닉스 등의 공장이 순차적으로 생산에 들어갑니다.

미국이 본격적인 생산 주기에 들어섰을 때 트럼프 2기가 시작되었습니다. 트럼프의 관세 인상 정책이 갖는 스태그플레이션과 금융시장 변동성 확대라는 기회비용에도 불구하고, 생산 경제로의 전환은 거스를 수 없는 변화입니다.

05

트럼프
시나리오

상수와 변수를 구분하는 이유

트럼프의 정책 시나리오를 감히 예단할 수는 없겠지만, 상수(常數)와 변수(變數)로 구분해 접근하면, 대응 전략에 운신의 폭을 넓히고 장기적인 관점에서 금융투자 혹은 기업과 정부의 정책 전략을 수립하는 데 큰 도움을 얻을 수 있을 겁니다.

트럼프노믹스의 상수는 미국 제조업 육성과 부채 감축의 경로이며, 변수는 경기와 금융시장의 충격을 최소화하는 과정입니다. 제조업 육성 정책이라는 필연적인 선택 속에서 위험을 줄이는 과정 자체가 변수가 됩니다.

백악관은 관세 부과 초기 중국을 중심으로 한 상대국의 강경한 저항에 직면했고, 금융시장 충격이 달러 시스템에 위협으로 확산될 수 있다는 것을 예상하지 못했습니다. 이는 미국의 패권이 아직도 압도적인 우위를 가지고 있다는 오판과 실물 경제에서의 충격이 금융시장에 더 큰 파장을 미칠 수 있음을 짐작하지 못했다는 추측에도 이르게 합니다.

트럼프는 미국이 가지는 힘의 우위를 자신하고 있지만 현재 상황은 다릅니다. 첫째, 미국의 지위는 과거처럼 압도적이지 않습니다. 둘째, 중국은 장기간에 걸쳐 미국과의 분쟁에 대비한 정책 여력을 확보했습니다. 셋째, 주변국들 역시 트럼프 1기의 경험치가 쌓여 있습니다. 넷째, 무엇보다 2026년 11월 중간선거를 앞두고 트럼프노믹스의 성과를 입증할 시간적 여유가 부족하며, 트럼프 본인과 공화당의 지지율 모두가 하락하고 있다는 점입니다. 이러한 상황을 바탕으로 향후 트럼프의 정책 시나리오가 어떻게 변해갈지 유추해 보겠습니다.

더 큰 위험이 기다리고 있다

트럼프가 감추고 있는 속내는 무엇일까요? 미국 제조업 재건과 부채 감축의 큰 그림은 이미 트럼프 선거 캠프의 싱크탱크(Heritage Foundation, AFPI, Claremont) 기관과 백악관 참모진의 정책 보고서에서 충분히 확인할 수 있습니다.

본격적으로 트럼프 시나리오를 구상해 보겠습니다. 트리핀의 딜레마[9]에서 설명하는 패권국의 구조적 위협 해소가 트럼프노믹스의 기초가 됩니다. 패권국의 구조적 위험을 설명한 이 이론은 다음과 같은 악순환을 설명합니다.

[소득 증가] → [생산성 하락] → [제조 경쟁력 위축]
→ [무역 적자 확대] → [부채 위험 누적]
→ [통화가치 강세] → [제조업 경쟁력의 지속된 악화]

이는 앞서 강조한 패권국의 한계와 정확히 일치하는 과정이죠. 트럼프 행정부의 세계 경제 질서 변화는 이러한 악순환 고리를 바로잡아 가는 과정입니다. 무역 적자 해소를 목표로 관세 정책이 마무리되면, 다음은 미국 경제의 가장 큰 위협인 신용 팽창 위험의 해소(=국가 부채 축소) 단계입니다.

---

9 트리핀의 딜레마: 패권국, 기축통화국이 직면하는 구조적 모순을 강조한 이론이다. 기축통화국은 무역 적자, 부채 확대, 통화가치 강세의 악순환 고리가 해소되기 어려운데 이는 현재 미국 경제의 구조적 문제를 지적하고 있다.

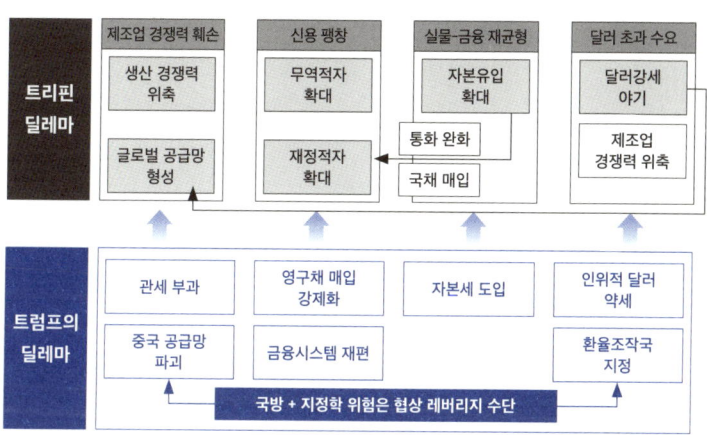

출처: 신한투자증권

걷잡을 수 없을 만큼 늘어난 재정 적자와 국가 부채 감축은 흡사 부실기업 채무조정(워크아웃)과 유사한 방식의 형태로 진행될 전망입니다. 기존 금융 질서의 파괴가 예상되며, 글로벌 금융시장의 불확실성 확대는 피하기 어려울 것입니다. 미국이 열심히 돈을 벌고 지출을 줄여 부채를 줄이지 않을 것은 자명한 사실입니다.

부채 감소는 기존 금융 시스템의 파괴와 새로운 시스템의 도입으로 진행될 가능성이 높습니다. 필자는 2025년 트럼프의 관세 정책보다 2026년 미국 주도의 금융 시스템 전환 과정이 가장 큰 위협이 될 것으로 우려합니다.

돈을 갚지 않고도 부채를 줄일 수 있는 방법이 있을까요?

유동성 팽창과 인플레이션을 통해 통화가치를 절하시키는 것이 대표적인 방법입니다. 미국이 야기한 인플레이션은 실물 경제에 위협임이 분명하지만 채무자 입장에서는, 갚아야 할 돈의 가치가 하락하는 최적의 환경이 조성됩니다.

또다른 방법은 금융 시스템의 재편입니다. 이미 그 신호가 나타나고 있습니다. 국제 금 가격의 역사적 랠리가 연출되었고, 가상화폐의 신고가 갱신이 이어지고 있습니다. 이는 기존 금융 시스템 파괴에 대한 우려와 새로운 질서에 대한 기대가 조성되고 있음을 방증합니다. 트럼프는 한 인터뷰를 통해 미국 정부가 보유한 약 20만 개 비트코인의 시세 차익을 채무

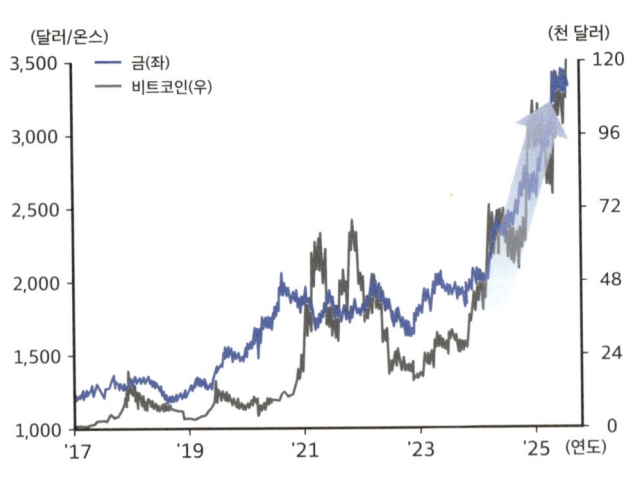

출처: Bloomberg, LSEG

탕감 비용으로 인식하고 있다는 뉘앙스를 비추기도 했습니다.

스테이블 코인[10]이 가져올 변화에 주목해야 합니다. 트럼프 내각이 가상화폐나 스테이블 코인에 전략적 가치를 부여하는 이유는 디지털 화폐가 미국 국가 부채 축소와 달러 채권 발행에 중대한 조력자 역할을 수행할 수 있기 때문입니다.

스테이블 코인은 가치를 달러에 고정하기 위해 미국 국채를 대량으로 구매하여 준비금으로 쌓아야 합니다. 전 세계적으로 스테이블 코인 사용이 늘어날수록, 이들이 매입하는 국채의 양도 기하급수적으로 증가할 수밖에 없습니다.

현재 스테이블 코인의 시가총액은 약 2,500억 달러에 달하며, 준비자산으로 보유한 미국 국채 규모는 약 1,900억 달러에 이릅니다. 이는 대한민국의 미국 국채 보유액(약 1,270억 달러)을 크게 웃도는 수준입니다. 스테이블 코인 시장의 규모는 보수적으로 보더라도 2030년에 2조 달러를 초과할 것으로 전망됩니다. 만약 이 가운데 60%만 미국 국채로 편입되더라도 이는 1.2조 달러에 이를 것입니다. 일본과 중국을 넘어 전 세계에서 가장 큰 미국 국채를 보유한 주체가 되는 셈입니다.

이는 일석이조의 효과를 가져옵니다. 무엇보다 국가 부채 위험으로 확산된 미국의 구조적 위험 해소뿐만 아니라, 디지

---

10 스테이블 코인: 달러화 등 기존 화폐에 고정 가치로 발행되는 암호화폐를 말한다. 새로운 금융 시스템 변화의 핵심으로 주목할 필요가 있다.

털 기반의 달러 패권을 더욱 공고히 하는 역할도 기대할 수 있습니다.

비(非)기축 통화의 영향력은 축소되고, 세계 중앙은행으로서 미국의 지위는 더욱 공고해집니다. 이뿐만 아니라 미국 정부가 스테이블 코인을 자국 법령 체계에 편입하면, 자금 흐름을 실시간으로 추적하고 특정 계좌나 국가의 거래를 차단하여 금융 제재와 통제를 더 정밀하게 집행하는 도구가 될 수도 있습니다.

하지만 현실은 복잡합니다. 트럼프의 오판은 미국이 더 이상 위대하지 않음에서 시작되었고, 중국과 관세 부과 대상국 모두 미국의 일방적 요구를 온전히 수용할 수 없었죠. 미·중 회담은 통상 협상의 수면 아래 금융, 기술, 안보의 대립이 맞섭니다. 구조적 타협이 불가능한 상황에서 결국 미국은 더 강력한 카드를 꺼내들 수밖에 없을 것입니다.

미·중 분쟁 시나리오 제시와 대응 전략

미·중 무역협상에서 관세 유예 결정에 대한 금융시장의 안도감이 다소 과도해 보입니다. 미국과 중국의 대립은 양국을 넘어 글로벌 경제와 금융시장을 좌우할 최대 리스크입니다.

두 국가는 전 세계 GDP의 50% 가까이를 점유하며, 글로벌 기업이익과 주식시장 시가총액에서 60% 이상을 과점하고 있습니다. 따라서 미·중 갈등을 확산과 해소의 단기적 이벤트로 인식하기보다 해결할 수 없는 구조적 대립 구도로 보고 갈등 장기화의 영향력에 대비해야 합니다.

그렇다면 지금의 이 갈등은 어떻게 시작된 걸까요? 먼저 두 국가 분쟁의 배경부터 짚어보겠습니다. 지난 20~30년간 미국이 조성한 세계 경제 질서에서 미국은 소비를, 중국은 생산의 역할을 분담하며 글로벌 성장의 양 축을 담당해 왔습니다. 양국은 무역 수지의 불균형을 금융 수지로 상쇄했고, 미국의 고부가가치 기술과 중국의 저비용 제조기지는 상호 보완적인 공생 관계를 구축했습니다. 하지만 미국과 중국의 비대칭적 공생은 결국 경쟁 구도로 전환될 수밖에 없었습니다. 그 배경은 다음 세 가지입니다.

> 첫째, 중국 GDP의 미국 대비 비중이 약 70% 이상, 구매력 GDP 기준으로 100%를 넘어섰습니다. 마치 투키디데스의 함정과 유사합니다. 투키디데스의 함정이란, '한 울타리에 사자와 호랑이가 같이 생존할 수 없다'는 의미로 과거 미국은 자신의 경제 규모에 50%를 초과한 구소련, 일본을

좌시하지 않았습니다.

둘째, 중국 제조업이 저부가가치에서 고부가가치로 진화했기 때문입니다. 미국과 중국의 공생 관계는 경쟁 구도로 변화했고 이제는 첨단산업 주도권을 둔 치열한 관계에 있습니다.

셋째, 달러 시스템에 도전하는 위안화의 국제화 야욕과 중국의 외교·안보 영역에서 미국 주도의 세계 질서에 대한 도전입니다.

결론적으로 미국과 중국의 분쟁은 대치와 완화 국면이 반복되더라도 근본적으로 해결 불가능한 구조적 대립 관계에 있음을 부정할 수 없습니다.

미·중 분쟁이 어떠한 경로로 진행될지 시장의 관심이 높아지고 있습니다. 지난 경험치를 되돌아보면, 미·중 분쟁은 [통상] → [기술] → [금융] → [지정학] 위험으로 확산되는 패턴을 보이며 고조되어 왔습니다.

트럼프 1기 관세 부과를 시작으로, 5G 등 첨단산업의 규제로 확산됐고, 바이든 행정부 또한 디커플링이 아닌 디리스킹을 강조했지만 통상 압력은 확대됐고 첨단산업 기술 규제는 금융을 넘어 대만과의 관계 재정립의 지정학적 위험으로 확

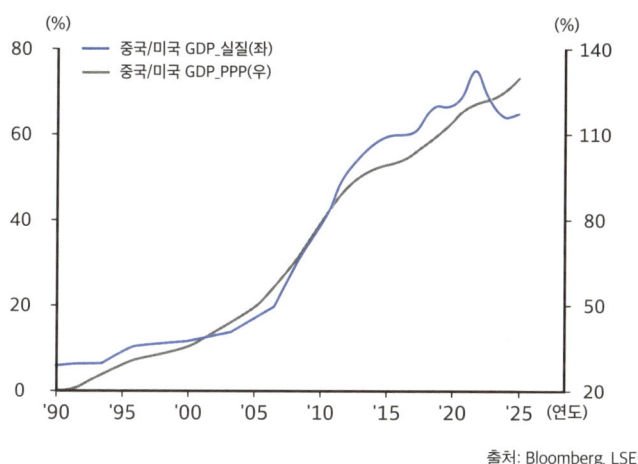

출처: Bloomberg, LSEG

산되었습니다.

트럼프 2기에서는 관세 중심의 통상 갈등이 기술 전쟁으로 재확산되고 있으며, 향후 금융 제재와 지정학적 긴장으로의 확장 가능성도 높아지고 있습니다.

중국은 정책의 호흡이 긴 나라입니다. 과거 일본이나 소련의 붕괴를 반면교사로 삼은 중국은 트럼프 재집권 가능성까지 감안한 장기 전략을 실행 중이었습니다.

특히 시진핑 체제의 지속성과 일당 통치 체제를 기반으로 장기전 관점에서 분쟁을 대비하고 있습니다. 그 전략은 다음 네 가지죠. 첫째, 외교적 고립을 방지하기 위한 외교 노선과 수출 대상국의 다변화. 둘째, 첨단산업 원천기술 확보와 공급망 수직 계열화. 셋째, 팬데믹 이후 민간(부동산) 중심의 디레버리징. 넷째, 미국의 수출 규제에 대비하여 자국 공급망을 소화할 내수 육성 및 신흥시장 확대 전략입니다.

그렇다면 미국과 중국의 분쟁은 결국 누구의 승리로 귀결될까요? 현재 최종 승패를 가늠할 수는 없으나 유럽과 아시아, 한국이 최대 피해국이 될 것임은 분명합니다.

트럼프 재집권 이후 관세 정책은 반도체, 전략 광물, 농산물, 특정 기업에 대한 수출입 금지 등으로 범위가 확대될 전망이며, 중국 역시 자국 내 소비·생산 체계를 통해 적극 대응하고 있습니다. 양국 간 고위급 협상이 진행되고 있으나, 이는 순환적 타협에 불과하며 구조적 대립은 해소되지 못할 가능

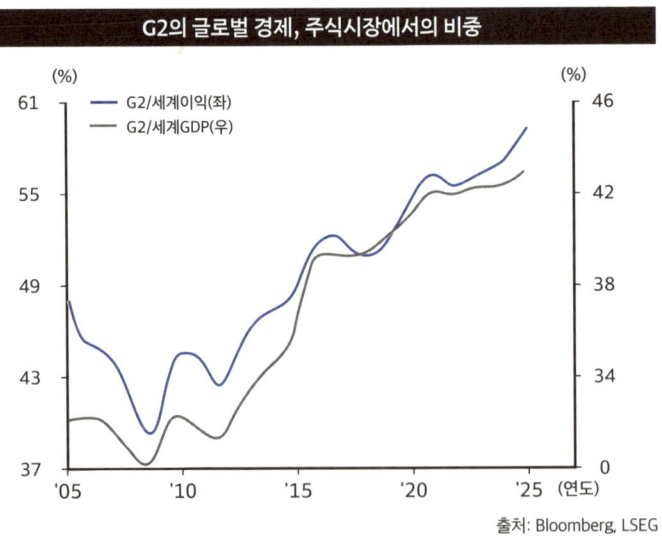

G2의 글로벌 경제, 주식시장에서의 비중

출처: Bloomberg, LSEG

성이 높습니다.

특히 미·중 간 공급망 재편 효과가 가시화될 경우, 기술·금융·안보 영역으로 분쟁이 급속히 확산될 시나리오에 대한 대비가 필요합니다. 트럼프와 공화당은 대중 강경 정책을 정치적 자산으로 활용할 가능성이 높아, 2026년 중간선거 전까지 규제 강도가 더 강화될 여지도 존재합니다.

결론은 명확합니다. 미·중 갈등의 귀결은 어느 한쪽의 일방적인 승리보다 공급망 재편이라는 구조적 변화를 의미합니다. 생산기지는 생산성을 기반으로 한 비교 우위(Cost competitiveness)보다는 최종 수요 우위(Market access)를 기준으로, 미국 또는 중국 중심으로 재편될 전망입니다. 이는 결국 유럽과 아시아의 중간 수출국·조립국에 더 큰 타격으로 작용하며 결과적으로 미·중 양강의 글로벌 과점 체제를 더욱 강화하는 방향으로 귀결될 수 있습니다.

06

한국이 직면한 구조적 위험과 순환적 기회

한국이 지금까지 누려온 호황은 이렇게 끝나는 것일까요?

한국의 경제 성장 배경이었던 세계 경제 질서가 재편되고 있습니다. 이는 한국 경제와 미래 전망 모두에 암울한 그림자를 드리우고 있습니다.

이번 장에서는 장기적인 시각에서 한국이 직면한 구조적 위험이 무엇인지 짚어보고, 단기적인 시각에서는 전환점에 놓인 한국이 가질 수 있는 순환적 기회 요인과 경제 주체별 대응 전략을 논의해 보고자 합니다.

한국에 찾아올 구조적 위험

구조적 위험은 바로 세계 경제의 순환적 연결고리가 파괴되고 있다는 점입니다. 이는 미국과 중국의 역할 변화가 야기한 위험입니다. 과거 세계 경제에서 미국의 역할은 소비였고, 중국은 생산을 담당했습니다. 이 과정에서의 교역 확대는 수출 주도 국가와 제조업 중심 국가에 낙수효과로 이어졌습니다.

미국의 '소비'라는 찻잔에 넘쳐흐른 낙수효과는 신흥국의 수출 증가로 이어졌고, 한국은 직접적인 수혜를 누린 국가 중 하나였습니다. 하지만 미국의 찻잔 크기는 커져만 가고, 물줄

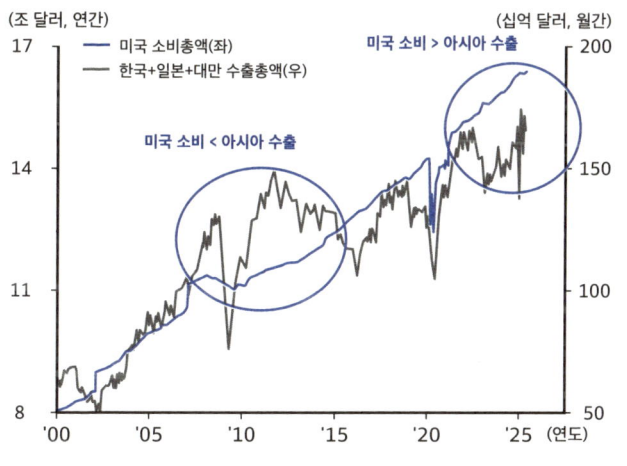

출처: Bloomberg, LSEG

기는 얕아지고 있습니다.

왜 이런 변화가 일어나고 있을까요? 이러한 변화의 본질은 미국과 중국의 재균형(G2 Rebalancing) 전략 때문입니다. 미국은 소비에서 생산 중심의 경제로 전환하고, 중국은 생산에서 소비 중심의 국가로 전환하고 있습니다.

두 국가 모두 자국의 소비를 자국의 생산으로 대체하는 전략을 추진 중이며, 이는 교역량 축소와 글로벌 공급망 파괴, 그리고 미국과 중국으로 양분된 새로운 공급망 조성으로 진행되고 있습니다. 한국 기업 입장에서는 교역 축소 위험에 더해 공급망 불안 가중, 생산 원가 상승, 심지어 생산기지 이전의 설비투자 비용까지 지불해야 하는 형국입니다.

실제로 미국의 소비 총액은 과거 증가 추세를 넘어서는 확장세가 진행 중임에도 불구하고, 신흥국 수출 개선으로까지 이어지지 못하고 있음이 확인됩니다. 특히 한국·일본·대만의 수출은 중국과 아세안 대비 세계 수출에서의 점유율마저 하락하고 있는 실정입니다.

중국발 낙수효과 단절은 한국 경제에 가장 큰 위험일지 모릅니다. 중국의 생산은 자국의 소비와 같은 궤적으로 증가하나, 수입은 정체되고 있습니다. 중국 제조업의 자급률이 고부가가치 제품으로까지 확대됐기 때문입니다. 이는 중국의 경기회복이 더 이상 과거와 같은 호재가 되지 않음을 의미합니다.

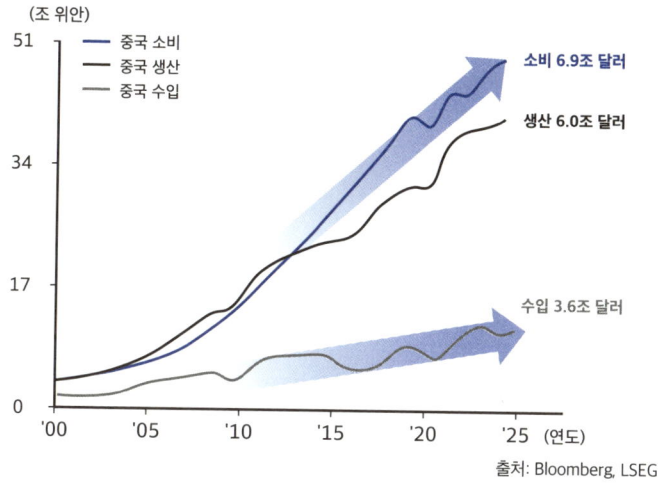

과거 중국의 수출 증가는 한국, 일본, 독일 등 여러 국가의 무역 적자 확대로 이어졌습니다. 하지만 이제 중국은 이들 국가에 무역 적자국이 아닌 흑자국으로 전환됐음에 주목해야 합니다. 독일과 일본은 2021년 이후 중국과의 무역 수지는 적자로 전환됐습니다. 한국도 2023년 처음으로 대중국 무역 적자를 기록했으며, 흑자 전환에 난항을 겪고 있습니다.

하지만 절망만 있는 것은 아닙니다. 구조적 변화 과정에서 발생하는 단기석 기회들이 존재합니다. 첫째, 미·중 분쟁 심화 과정에서 한국이 미국 중심 공급망에 중간재 허브 역할을 강화할 기회가 있습니다. 둘째, 첨단기술 분야에서 미국과의 동맹 강화를 통한 새로운 기회 창출이 가능합니다. 셋째, 동남

아시아와 인도 등 제3시장 진출 확대를 통한 수출 다변화 기회도 열려 있습니다.

결론은 냉정합니다. 미국과 중국이 주도한 새로운 경제 질서의 성립에서 피해자는 지난 경제 질서에 가장 큰 수혜를 입었던 한국, 일본, 유럽이며, 이는 거스를 수 없는 위험임을 인지해야 합니다. 하지만 전환기에는 항상 새로운 변화에 선제적으로 편승할 기회도 함께 존재한다는 점을 잊어서는 안 됩니다.

재정 확대 요구, 보다 큰 의미 부여가 필요하다

트럼프 관세 정책 이후 2025년과 2026년 세계 경제 및 주요국 성장률 전망치가 하향 조정되고 있습니다. 현재로서는 최종 관세율과 미·중 분쟁 진행 경로를 예단할 수 없기에 세계 경제 성장과 물가의 높이를 가늠하기가 쉽지 않습니다. 분명한 것은 세계 소비의 중심이자 달러 유동성 공급자인 미국의 역할 변화로 인해 성장률 하락과 물가 상승이 불가피하며, 미국-비미국 간 새로운 구도의 경제 파동이 완성될 수 있다는 점입니다. 2025년과 2026년 세계 경제 전망을 결정할 다섯 가지 핵심 변수에 주목해야 합니다.

첫째, 일방적인 우려 일색에서 벗어나 유연한 시각이 필요합니다. 최종 관세율은 미·중 분쟁의 수위와 주요 교역국과의 협상 과정에서 많은 곡절을 거쳐야겠지만, 관세 부과 강도는 금융시장 충격과 반비례 관계일 수 있습니다.

둘째, 관세 인상이 실물 경제에 미치는 시차의 중요성입니다. 이는 금융시장에서 전술적인 기회 또는 위협 요인으로 작용할 수 있습니다.

셋째, 미국과 비미국 간의 경기 순환 주기 차이 확대가 예상됩니다. 인플레이션 압력 차이에 따라 경기 부양책의 강도까지 차별화될 수 있습니다.

넷째, 높아진 기술주 영향력으로 실물 경제와 기업 이익의 차별화가 이어질 수 있습니다. 경제 전반과 기업 이익, 그리고 경제와 기술산업을 동일시하면 구조적인 기회를 놓칠 수 있음을 유의해야 합니다.

마지막으로 대외 수출 부진에 따른 정부 재정지출 확대 요구가 높아지고 있다는 점입니다. 경기 부양을 위한 적극적 재정지출이 자극한 자국내 수요 확대는 교역 위축을 만회할 보다 직접적인 도구가 되어 경제 성장률 하방 압력을 완화시킬 수 있습니다.

다섯 가지 변수 중 가장 중요한 대목은 주요국 재정 확대의 영향력입니다. 대외 수출과 제조업 의존도가 높은 국가들은 성장의 위험을 마주했고, 이들을 향한 강력한 재정 확대 요구가 높아지고 있습니다. 현재 재정 확대 규모와 방향성은 국가별로 뚜렷한 차이가 존재하지만 2025년 하반기부터 2026년까지는 재정 정책 확대의 영향력에 주목할 필요가 있습니다. 필자는 현재 세계 경제 성장에 갖는 과도한 우려를 경계할 필요가 있다고 판단합니다. 하지만 재정 확장에 낙관만을 가지고 있는 것은 아닙니다. 재정 확장의 과정과 이후의 부작용에도 주목할 부분은 분명히 존재합니다.

실제로 어떤 변화들이 일어나고 있을까요? 국가별 재정 정책을 살펴보면, 미국은 감세 정책으로 재정 확장을 도모하고 중국은 전례 없는 규모의 재정 확장을 진행하고 있어 시장의 기대가 높아지고 있습니다. 유럽에서는 재정 확장에 가장 보수적이었던 독일마저 확장적 재정을 결정했으며, 한국 또한 새 정부 출범과 함께 대규모 추가 경정예산을 편성해 주식시장의 강세를 견인하고 있습니다.

하지만 재정 정책에 낙관적인 시각만 있는 것은 아닙니다. 재정 정책의 기회비용이 높아져 있다는 점을 간과할 수 없죠. 팬데믹 이후 재정 확대로 정부 부채가 급증하면서, 추가적인 재정 적자 확대는 채권 발행을 늘리고, 이는 금리 상승이 야기하는 구축효과(Crowding-out effect)[11]로 이어질 수 있기 때문입니다. 실제로 현재 시장금리는 재정 확대 자체보다 채권 발행에 따른 수급이 우위에 있는 상황이기도 합니다. 경제학자 로렌스 서머스의 "위기에 대응하는 재정은 위대한 처방이지만, 반복적 재정은 재앙의 씨앗이 된다"라는 경고가 어느 때보다 큰 울림을 가집니다.

그렇다면 어떤 재정 정책이 필요할까요? 지금 각국의 재정은 단순히 단기 총수요를 부양하는 차원을 넘어서, 변화된 세계 경제 질서에 적응하는 '시드머니(Seed money)'가 되어야 합니다. 첨단기술의 경쟁력 개선과 전략 광물 확보, 정체된 내수의 회복, 기후 대응과 인구 구조 전환 같은 구조적 아젠다에 투입되지 않으면, 일시적 경기 부양의 열매는 사라지고 부채의 부담만 남기 때문입니다.

특히, 한국의 재정 정책에 보다 특별한 의미 부여가 필요합니다. 한국은 기축통화국 반열에 있는 국가가 아니기에 재정 정책의 분명한 한계가 존재하고 그만큼 정책 방향성의 중요도가 높게 작용하기 때문입니다.

소비 쿠폰 발행은 재정 정책 중 경기 부양 효과가 가장 낮은 이전 소득 부분에 포함됩니다. 그 필요성을 부정하지는 않

---

11 구축효과: 정부의 재정 정책이 효과가 없음을 증명할 때 인용되는 경제 용어로 정부의 재정 지출이 금리 상승을 자극해 민간투자 혹은 소비의 감소를 초래한다는 주장.

으나, 산업의 육성과 선순환적 경제 고리 복원이 최우선 과제가 되어야 합니다. 이를 위해서는 첨단산업에서의 기술 우위를 확보할 재원이 필요하고, 국민적 공감대를 형성하여 구조개혁까지 완수해야 합니다.

금융시장 패러다임의 전환

이번 장부터는 본격적으로 투자자의 관점에서 세상의 변화를 인지하고, 투자 전략의 변화를 모색하는 시간을 갖도록 하겠습니다. '변화된 세계 질서'는 곧 '변화된 투자 전략'의 필요성 강조로 이어지기 때문입니다.

한국 경제의 역사적 변곡점

금융시장의 패러다임 전환 속에서 대격변이 진행되고 있습니다. 우리는 지난 3년여의 시간 동안 실물 경제와 금융시장 모두에서 역사적 변곡점을 맞이했습니다.

먼저 2022년 6월, 미국의 소비자물가(CPI) 상승률이 9.1%에 도달했습니다. 40년 만에 가장 높은 수준의 인플레이션에 봉착한 것입니다. 이를 제어하기 위해 미국 연준은 30년 만에 가장 강한 강도의 긴축을 진행 중이며, 20년래 가장 높은 수준의 미국 장기물 국채 금리를 현재까지 유지하고 있습니다.

이제껏 경험하지 못한 수준의 물가와 금리를 대면한 금융시장은 급진적 위험 회피에 맞닥뜨렸고, 역사적 규모의 재정 확대와 AI 주도 기술혁신을 맞이하며 고수익 자산을 추종하는 위험 선호 현상도 동반됐습니다. 그 결과, 위험과 안전의 경계 없는 불안정한 랠리가 이어지고 있습니다.

40년, 30년, 20년 만에 확인된 위험은 글로벌 경제와 금융시장 모두에서 역사적 변곡점을 의미할 수도 있습니다. 이 모든 위험의 시작은 세계 경제 질서를 수립하고 수정하는 반복된 미국의 변심 때문입니다. 어쩌면 우리는 금융시장에서 세계 경제 질서 변화에 따른 위험을 인플레이션이라는 비용으로 지불하고 있는지도 모릅니다.

그렇다면 대전환의 변곡점에서 투자 환경은 어떻게 변해나갈까요? 먼저 글로벌 경제-금융시장의 프레임 전환부터 설명하고자 합니다. 지난 30년간 글로벌 경제와 금융시장에는 **'고성장-저물가-저금리-신용 팽창'**이라는 이상적 환경이 펼

쳐졌습니다.

왜 이런 황금기가 가능했을까요? 고성장에도 저물가가 유지된 이유는 중국이 저물가의 제품을 수출해 준 덕분입니다. 중국과 신흥국으로 이전한 선진국 제조기지는 잠재 소비 인구였던 신흥국의 소득 확대와 내수시장 확장을 이끌었습니다. 낮아진 생산비용과 기술혁신의 가속화는 고성장에도 저물가 환경을 고착화시킬 수 있었던 배경이 되었습니다. 저물가는 저금리까지 가능하게 했습니다.

금리는 성장(GDP)과 물가(CPI)의 함수입니다. 여기에 풍부한 유동성까지 더해지자 금리는 성장에 둔감하고 위기에는 민감하게 반응하며 40여 년간 하락세를 이어갔습니다.

고성장과 저금리는 신용 팽창에 최적의 환경을 조성합니다. 소위 돈을 빌리기에 너무나 용이했던 시절이었습니다. 예를 들어, 한국 경제가 5% 고성장에 정책 지원으로 4% 신용대출이 가능하다면 어떻게든 대출을 받아야 할 것입니다. 기업은 경제 성장률만큼의 성장만으로도 부채를 통한 이익을 확보할 수 있었습니다.

가계자산 입장에서 내가 투자한 자산이 부동산이든 금융자산이든 가리지 않고 미래 가치가 증가하리라는 확신이 있다면, 투자 수익을 높일 수 있는 최적의 방법은 신용을 최대한 확대하는 방법입니다.

신용(빚)의 확대는 잠재 성장 이상의 수요를 촉진시킵니다. 근로소득보다 강한 소비를 촉진할 수도 있고, 금융시장에는 자산가치(밸류에이션) 할증까지 진행될 수 있는 기회가 마련되기도 합니다.

하지만 이제 게임의 룰이 바뀌고 있습니다. 공급망 재편 과정에서의 물동량(=수요) 위축, 지정학적 위험 확산, 인플레이션 고착화와 고금리, 신용위험 확산과 부채 축소는 정반대의 세상 진입을 의미합니다. 순환적 사이클에서의 변화는 존재하겠지만 앞으로는 **[고성장 → 저성장], [저물가 → 고물가], [저금리 → 고금리], [신용 팽창 → 신용 축소]**로의 변화에 철저한 대비가 필요합니다.

이는 투자 전략에 있어 ① 자산배분 전략 변화, ② 기대 수익률 하향 조정, ③ 자산 간 차별화 심화, ④ 변동성 장세 반복 위험에 대비가 필요함을 의미할지 모릅니다.

과거 경험치가 작동하지 않는 금융시장

돌이켜보면 **'고성장-저물가-저금리-신용 팽창'**은 낮은 투자 난이도 대비 높은 수익률을 보장했을지도 모릅니다. 주식과 채권의 동반 강세는 20년 이상 이어졌고, 저금리 환경에서 대체(=실물) 투자의 기대수익률도 시간이 지날수록 높아졌습니다. 투자 위험은 통제 가능한 수준이었습니다. 미국의 압도적 패권 아래 지정학 위험과 금융시장의 변동성 모두가 통제될 수 있었고 10년 주기로 반복된 경제위기에도 주식과 채권의 상호보완적 관계를 유지하며 위험을 통제할 수 있었습니다.

자산별 수익률로 접근해도 주식, 채권, 부동산 모두 장기 보유 관점에서 양호한 성적표를 보였기에 자산배분의 필요성은 큰 의미를 갖지 못했습니다. 국가나 자산 선별에도 큰 차이가 없었습니다. 전통 경제 구도하에서 세계 경제의 낙수효과가 국가, 산업 전반으로 확산됐기 때문입니다.

'**고성장-저물가-저금리-신용 팽창**'이라는 20여 년간의 황금기 속에 한국의 가계부채는 비이성적인 수준까지 확대됐습니다. 부동산 가격 상승과 함께 부동산 편중이라는 기형적 가계자산 구조를 완성했죠. 성장, 물가, 금리, 신용 모든 영역에서 대전환이 진행되고 있는 지금, 한국 가계가 가장 큰 위험에 노출되어 있다는 것은 냉혹한 현실입니다.

금융자산은 실물 경제와 동행의 관계이기보다 선행의 관계를 갖습니다. 현재 금융시장은 변화된 세계 질서를 선반영해 나가고 있을지도 모릅니다. 지난 20~30년간 고착화된 투자의 방향이 향후 어떠한 방향으로 변해갈지, 지금부터 면밀히 분석해 보겠습니다.

먼저 자산배분 전략부터 제시해 보겠습니다. '계란을 한 바구니에 담지 말라'는 투자 격언은 10년 주기로 반복된 경제위기를 경험하며 그 성과가 증명되었습니다.

소위 '전통적 자산배분 전략'이라는 상징성을 갖는 주식 70%, 채권 30% 보유 전략은 기업 이익 성장이라는 큰 흐름 아래 채권은 변동성 제어 역할론을 수행(경기 위축→채권가격 상승)했습니다.

글로벌 주가지수 기준으로 계산해 보겠습니다. 주식(ACWI) 100% 포트폴리오의 지난 30년 장기 성과는 연평균 수익률은 8.1%, 반면 채권(AGG)은 5.1%에 불과하지만 변동성을 감안한 위험조정 수익률로 계산하면 전통적 자산배분 포트폴리오의 성과가 더욱 우수했습니다.

하지만 2020년 팬데믹을 거치며 투자의 지형이 완전히 바뀌었습니다. 과거 경험이 무용지물이 된 투자 환경이 펼쳐지고 있는 것입니다. 2020년 이후부터 주식 100% 포트폴리오의 성과는 압도적이었습니다. 반면 채권은 안전자산의 지위를 상실했죠. 금리 상승으로 인한 채권가격은 하락했고, 이자 수익으로도 메울 수 없는 채권시장 약세가 장기간 이어지고 있습니다. 인플레이션 위협의 고착화로 채권금리 상승 압력이 장기화된 가운데 미국 기술주가 경제 성장을 뛰어넘는 폭발적 이익 증가를 기록하며 독주했기 때문입니다.

주식과 채권만으로도 안정적 포트폴리오 구성이 가능했던 시대를 지나 이제 두 자산 간 상관관계가 변화하고(주식과 채권의 동조화), 변동성은 되려 증폭되는 현실에 직면했습니다. 단순한 분산만으로는 수익을 담보할 수 없습니다. 자산 간 상관관계 붕괴에 대비해 분산투자를 넘어선 새로운 자산배분 전략이 절실합니다. 성장과 방어의 균형, 금리 변화보다는 절대 수익 추구, 방어적 자산의 상대적 매력 재평가가 핵심입니다.

이제 한국의 투자 성과를 확인해 보겠습니다. 안타까운 마음이 먼저입니다. 원화자산 일변도의 한국 투자자들은 전 세계에서 진행 중인 에브리씽 랠리에서 철저히 외면당했습니다. 미국 주도의 주식시장 장기 랠리에서 한국 증시는 소외되었고, 고금리 환경 도래는 부동산으로 편중된 가계자산에 치명타였습니다.

한국 가계의 평균 금융자산은 20~30%에 불과하고 이마저도 원화 예금 비중이 90%에 달합니다. 원금 보존은 가능했지만 달러 대비 원화 가치는 지난 3년간 30% 이상 절하되었고, 예금 이자율도 무위험자산으로 불리는 미국 국채 대비 200bp가량 낮은 수익률을 기록하고 있습니다.

개인 투자자들의 인식과 다르게 국제 금융시장에서 원화 예금은 안전자산 범주에 포함되지 않는다는 것이 현실입니다. 실제로 가계 금융자산이 집중된 원화 예금은 자산가치 보존에서 안전자산 역할을 수행하지 못했고, 위험 대비 이자 보상마저도 현저히 낮았습니다.

금융시장은 순환적 변화와 구조적 변화를 반복합니다. 현재의 흐름이 순환적 변화라면 역발상적 시각에서 투자 전략을 수립해야 하고, 구조적 변화라면 투자 전략의 근본적 전환이 불가피합니다. 그렇다면 향후 투자의 나침반은 어디를 가리킬까요?

필자는 이 두 가지가 모두 공존하는 전환점에 서 있다고 판단합니다. 트럼프 재집권 이후 세계 경제와 금융시장의 구조적 변화는 거스를 수 없는 거대한 물결입니다. 동시에 한국은 구조적 위기에 직면하면서도 순환적 회복을 노리는 경기 부양에 주력하고 있고, 국내 기업들 역시 새로운 희망의 단초를 마련해 가고 있습니다. 주식과 채권으로 나눠 좀 더 자세한 투자전략을 논해 보도록 하겠습니다.

주식: 새로운 포트폴리오 전략이 필요하다

트럼프의 바람대로라면 미국 우선주의가 이끄는 미국 재건 전략(MAGA)은 제조업 생산기지 건설과 무역 적자 축소로 이어질 수 있습니다. 이는 한국을 비롯한 비미국 경제에도 분명한 위험 요인으로 작용할 것입니다. 조금 더 큰 그림에서 접근하면 트럼프발 정책 위험에서 미국도 자유로울 수 없습니다. 기존 공급망 파괴에 미국 기업들은 직간접적 위험에 노출되었을 뿐만 아니라 기존 투자 전략에 큰 변화가 요구되고 있습니다. 크게 네 가지 변화에 주목해야 합니다.

첫째, 미국이 주도한 글로벌 공급망 파괴 위험은 실물 경제보다 기업 이익에 더 큰 타격을 미칩니다. 지난 수년간 높아진 주식 보유 기대수익률의 눈높이 하향 조정이 필요해 보입니다.

둘째, 주식시장의 전통적 순환 주기가 멈출 수 있습니다. 낙수효과 단절로 국가 및 업종 간 상관관계가 낮아지며 차별화는 심화될 수 있습니다. 패시브(Passive)한 주가지수 추종에서 액티브(Active)한 업종 전략이 우선되어야 합니다.[12]

셋째, 기술혁신이라는 장기 파동 상승이 이어진다면 경기와 차별화된 실적 장세가 일부 테마에서 연장될 수 있습니다. 기술혁신이 주도한 강세 흐름은 수년간 더 이어질 가능성이 높습니다.

넷째, 예단할 수 없는 위험에 대비한 방어주 편입이 필요합니다. 배당의 매력은 높아지고 있다는 판단이며 새로운 질서에 편승하는 수혜 국가와 업종은 성장이 아닌 방어의 시각으로 접근해야 합니다.

---

[12] 패시브와 액티브: 패시브는 시장지수를 추종하는 보수적 전략, 액티브는 종목을 선별해 초과수익을 노리는 운용 방식이다. 투자자의 성향과 시장 상황에 따라 전략 선택이 달라진다는 점에서 자산운용의 기본 구분이 된다.

만약 트럼프의 미국 우선주의가 성공한다면 이는 미국 주식을 매수해야 하는 이유가 될까요? 필자는 트럼프의 전략이 오히려 미국 주식시장에 악재가 될 수 있다는 역설을 주장하려 합니다.

이를 위해서는 미국의 비대칭적 성장 구도를 이해해야 합니다. 미국은 경제 규모(GDP) 30조 달러 대비 국채(국가 부채) 총액이 36조 달러를 상회합니다. S&P500 시가총액이 50조 달러를 상회하고, 뉴욕거래소와 나스닥거래소의 시가총액 합은 60조 달러에 육박합니다. 즉, 미국의 비대칭적 성장은 국가 경제 규모보다 큰 국가 부채, 그리고 국가 경제 규모의 두 배에 가까운 시가총액으로 설명됩니다.

미국의 경제 재건 정책은 최적의 글로벌 공급망 아래 최대의 마진을 확보했던 다국적 기업의 비즈니스 모델 파괴를 야기할 가능성이 높습니다. 같은 의미에서 기존 공급망의 낙수 효과를 누려온 중국, 유럽, 일본, 한국, 대만의 타격도 불가피할 것입니다.

지난 수년간 주요국 주식시장의 신고가 랠리가 이어졌습니다. 지난 10년간 글로벌 주가지수와 S&P500을 보유한 연간 평균 수익률은 13%, 최근 3년 기준으로 22% 수익률에 이릅니다.

이는 역사적으로 가장 높은 수준의 수익률입니다. 이번 강

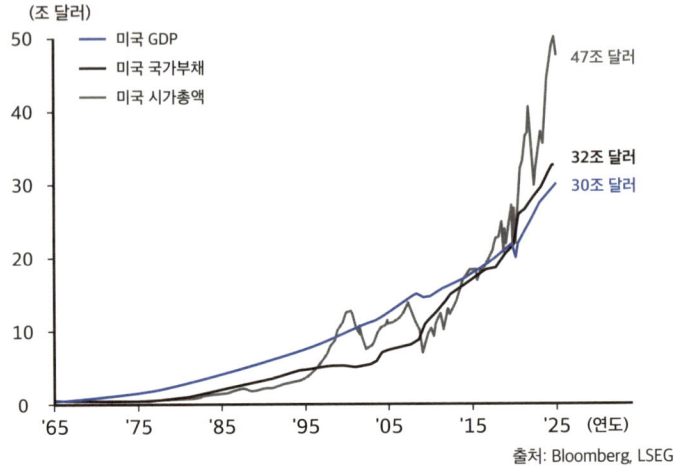

시장의 배경에는 정부의 적극적 재정이 주도한 유동성 팽창과 기업이익 증가가 있었습니다. 미국 중심의 공급망 재편이 본격화되며 진행된 설비투자의 빅사이클도 이와 무관하지 않습니다.

하지만 투자자들이 가진 기대수익률에 눈높이 하향이 필요합니다. 크게 세 가지 이유 때문입니다. 첫째, 미국의 투자에서 생산 단계로의 전환. 둘째, 부채 확장 대신 부채 축소로의 전환. 셋째, 글로벌 공급망이 아닌 미국 중심의 공급망이 미칠 영업이익률의 하락입니다. 다소 비관적 전망일 수 있으나 팬데믹 이후 미국 증시 강세장 경험이 전부인 대다수의 한국 투자자들의 균형 잡힌 시각이 요구됩니다.

투자 전략의 구체적 방향성도 제시해 보겠습니다. 주가지수, BM(벤치마크)의 수익률을 추종하는 패시브 전략(지수추종형 펀드투자)에 변화가 필요합니다.

현재의 주가지수는 과거의 부산물과 같습니다. 지난 수년간의 성장이 현재의 주가지수 및 BM을 결정할 수밖에 없는 구조죠. 하지만 새로운 패러다임이 진행되고 있다면 이는 주가지수 구성 종목의 변화를 야기할 수밖에 없고, 변화를 선도하는 성장과 동행할 수 없습니다.

쉽게 말해, 주가지수(=Passive)를 추종해 베타(Beta)를 창출하는 전략(지수추종형 펀드투자)보다 새로운 질서에 대비하는 액티브한 알파(Alpha) 전략(테마형 ETF)이 필요합니다.[13]

세계 주가지수로 널리 활용되는 MSCI AC World로 자세히 설명해 보겠습니다. 이 지수에서 국가별 구성은 미국 65%, 유럽 14%, 일본 5%, 중국 3%, 한국 1% 등으로 구성되어 있고, 업종에서는 금융 18%, 소비재 16%, IT 26%의 비중을 가집니다. 미국과 IT업종의 비중이 월등히 높지만 이는 세계 경제 질서 재편과 AI가 주도한 산업 구도 변화를 충분히 반영하지 못합니다. 결국, 주가지수를 추종하는 ETF와 펀드 투자에 산업구도 재편과 기술혁신의 구조적 수혜 대상인 국가, 산업,

---

13 베타/알파: 베타는 시장수익률과의 연동 정도, 알파는 시장 대비 초과 수익을 뜻한다. 베타는 방향, 알파는 실력으로 평가되며 특히 액티브 펀드의 성과 분석에서 핵심 지표로 쓰인다.

테마의 비중을 적극적으로 확대해야 합니다.

그렇다면 주식 보유에 어떠한 전략이 필요할까요? 필자는 미·중 분쟁 심화와 공급망 재편의 우려에도 불구하고 오히려 미국과 중국을 동시에 확대하는 전략으로 대응해야 한다고 주장합니다.

미국과 중국의 경제 정책 모두 첨단산업 밸류체인 수직 계열화를 목표로 합니다. 글로벌 기술 우위 기업의 생산기지 구축 전략도 생산성 비교 우위에서 최종 수요 절대 우위 전략으로 변하며 G2의 과점이 우려되기 때문입니다.

AI 침투율 확대와 기술혁신 확산에 대한 대응도 산업 밸류체인 지배력과 기술력, 내수시장 규모 등 어떤 변수로 접근해도 미국과 중국 중심이라 이러한 주장을 더욱 뒷받침할 근거로도 작용합니다.

좀 더 구체적인 포트폴리오 전략을 제시하자면, 주식 보유 포트폴리오의 중심은 '미국 7 : 중국 3'을 유지해야 합니다. 실제로 미국과 중국을 동일 비중으로 보유하여 20년의 투자 성과를 확인하면 실현 수익뿐만 아니라 변동성 제어에도 긍정적 효과를 확인할 수 있습니다.

예단할 수 없는 위험에 대비한 방어주 편입 필요성도 존재합니다. 배당의 매력은 높아지고 있다는 판단이며 필연적일 수밖에 없는 변동성 확대 구간에서 역발상적 시각으로 배당

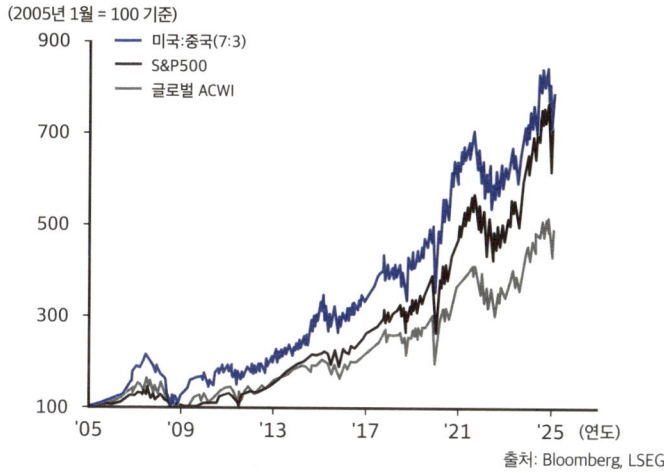

출처: Bloomberg, LSEG

주 비중을 늘려가야 합니다. 새로운 질서에 편승해 기회를 갖는 방어주는 국가로는 인도, 업종으로는 사이버보안, 전력망, 방위 산업 등이 있습니다. 이들은 성장이 아닌 엣지 있는 방어주(위험 발생 시 낮은 변동성)의 시각으로 접근해야 합니다.

마지막으로 한국 주식 및 개별 업종(성장주) 투자에서 기대수익률을 높이는 전략이 가장 안정적인 포트폴리오가 될 수 있습니다. 이는 마지막 파트에서 강조할 AI 기술혁신 경로와 관련 업종들의 투자 전략에서 자세히 짚어보도록 하겠습니다.

채권: 패러다임 전환의 인식

다음 페이지의 차트에서 확인할 수 있듯, 지난 40년 동안 미국 채권금리는 하락(채권가격 상승) 추세를 유지했고, 채권시장의 강세장이 긴 시간 이어졌습니다. 경제 성장이라는 상방 위험은 존재했지만 안정된 공급망과 생산성 개선이 주도한 물가 안정과 달러 리사이클(무역수지 적자 → 금융수지 흑자) 배경에서의 안정적 수급 환경이 금리 상승보다 하락에 민감하게 반응하는 프레임을 구축하게 됐습니다.

하지만 트럼프의 미국 제조업 육성 전략은 안정적 공급망 파괴에 따른 물가 상승 위험을 지불해야 하고, 정부부채 축소는 기존 금융 시스템 파괴로 달러 리사이클의 종단 우려까지 야기합니다. 트럼프 집권 이후 시작된 달러 시스템에 대한 의심은 미국채 매도와 금 가격 상승으로 이어졌습니다.

미국뿐만 아닙니다. 금리 상승 위험에서 자유로운 국가는 있을 수 없습니다. 교역 불안에 따른 민간 수요 위축과 함께 정부 재정지출 확대가 요구되지만, 팬데믹 이후 급증한 국가 채무로 인해 이러한 재정 여력은 제한적입니다. 이는 국가가 늘어난 부채를 감당하기 위해 국채 발행을 확대할수록 민간 수요를 위축시키고(=구축효과), 동시에 금리 상승 압력이 장기간 고착화되는 결과를 초래할 수 있습니다.

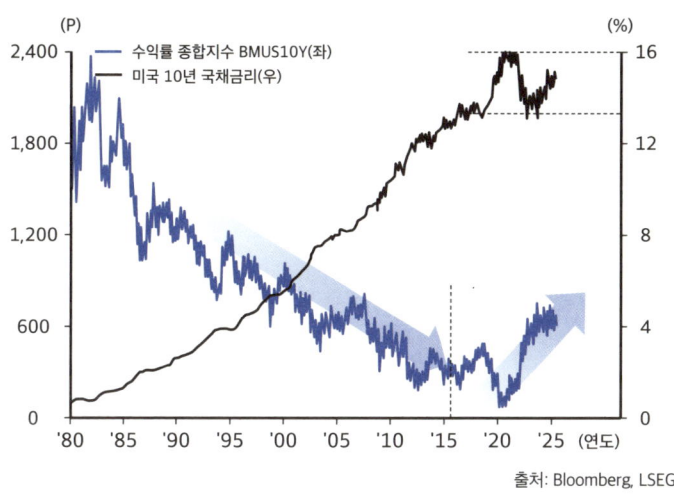

채권은 더 이상 고수익을 보장하는 무위험 안전자산의 지위에만 머물러 있을 수 없습니다. 경기 하락이 아닌 물가 상승이 위험이라면 주식과 채권의 상관관계는 훼손되고 두 자산을 동시에 보유하더라도 오히려 변동성이 커지는 위험에 노출될 수 있기 때문입니다.

앞서 강조하였듯 거시경제 환경은 지난 30년간의 '**고성장-저물가-저금리-신용 팽창**'에서 '**저성장-고물가-고금리-신용 축소**' 프레임으로 전환됐습니다. 장기간 지속된 금리 하락에서의 자본차익 중심 채권투자 패러다임이 중대한 변곡점에 위치했습니다. 채권투자는 거래 과정에서의 자본차익보다 보유 과정에서 가격변동(금리 상승 위험)을 관리하면서 안정적 이자수익을 추구하는 방향으로 재편되어야 합니다.

그럼에도 채권을 보유해야 하는 이유가 있을까요? 네, 충분한 이유가 존재합니다. 채권의 역할론은 훼손된 것이 아니라 변화된 것입니다. 채권투자의 필요성을 하나하나 짚어보도록 하겠습니다.

첫째, 금리 레벨이 분명 높아졌습니다. 가격 변동성을 통제할 수 있다면 이자 수익률의 상승은 절대수익 추구에서 안정적 포트폴리오 구축을 가능하게 합니다.

둘째, 거래의 시각이 아닌 보유의 관점에서 채권투자의 매력은 변함이 없습니다. 가격 변동성으로 인한 위험은 이자 수익으로 상쇄될 수 있다고 판단됩니다.

셋째, 채권시장의 구조적 강세로의 전환은 어렵겠지만, 연준의 통화 정책 기조가 완화로 전환된다면 시장금리 상승 우려는 상당 부분 통제될 수 있습니다. 채권 투자의 난이도는 높아졌으나, 국면별 듀레이션[14] 관리를 통해 충분히 수익률 관리가 가능합니다.

---

14 듀레이션: 채권에 투자한 원금을 회수하는 데 걸리는 평균 기간을 의미한다. 채권금리 변동에 따른 민감도를 측정하는 데 사용되는 지표.

> 넷째, 금리 변동성을 통제하는 최선의 방법은 발행시장에 참여하여 만기까지 보유하는 것입니다. 하지만 개인 투자자에게는 진입장벽이 존재합니다. 이제는 물가연동형 채권과 같은 다양한 전략을 ETF를 통해 투자하는 것이 가능해졌습니다.
>
> 마지막으로, 한국이 맞이한 저성장, 고령화, 가계부채 위험에서 채권 투자의 필요성은 높아질 수밖에 없습니다. 쿠폰(이자+배당)을 통한 고정 수익 확보 관점에서 현재의 금리는 충분한 투자 가치를 지닙니다. 향후 예상되는 한국 정부의 개인 투자자용 국채 발행, 배당소득 및 연금 자산의 비과세 정책은 채권 투자 매력을 높이는 요인입니다.

주식은 매수-매도의 시점이 중요하나 채권은 보유 기간이 중요합니다. 현 시점은 채권 매수의 적기입니다. 투자의 시계를 좁혀 현 시점에서의 채권투자 전략도 제시해 보겠습니다.

트럼프발 정책의 불확실성이 잔존한 구간에서 채권의 전술적 역할은 어느 때보다 높습니다. 하지만 ① 달러 시스템 파괴에 대한 의심 시작, ② 경기 둔화와 인플레이션 위험 동반 확대, ③ 연준의 지표 의존적 정책 노선과 한발 앞선 시장과의 간극, ④ 재정 확대에 따른 구축효과 위험까지 소화해야 합니다.

2025년 미국 금리는 상·하방 압력 모두가 분명합니다. 미국 금리 상승 요인으로는 ① 관세 부과가 야기한 인플레이션 압력, ② 채무한도 협상(감세 패키지)이 야기한 수급 불안, ③ 트럼프 정책 불안에 따른 외국인 달러채권 매도 압력이 있습니다. 금리 하락 요인으로는 ① 경기 침체 우려의 점증, ② 금융 규제 완화에 따른 대내 수급 개선, ③ 연준의 정책 기조 전환 가능성이 있습니다.

관세 부과 대상국인 비미국은 인플레이션 압력에서 상대적으로 자유롭습니다. 중립 금리 이하의 적극적 통화 완화가 진행 중이며 재정지출 확대에도 적극적입니다. 다만, 연준과의 디커플링 한계가 존재하고 시장금리는 이미 연내 정책금리 인하 기대를 현재 가격에 반영했습니다. 무엇보다 재정 확대에 따른 구축 효과 부담은 비미국 재정 취약국(일본, 영국, 독일 제외 EU)에게 위험 요인입니다.

이자 수익과 자본차익 기대 모두에서 미국 채권에서 기회를 찾아야 합니다. 앞서 강조한 인플레이션의 구조적 위험과 채무한도 협상 등의 노이즈가 예상되지만 이는 역발상적 시각에서 분할 매수가 가능한 투자 기회라 판단됩니다. 금리 레벨로 접근하면 미국 국채 10년물 기준 4.3~4.5% 구간이 진입 매력을 확보하는 구간이며, 이를 넘어서는 위험에는 역발상적 시각으로 대응할 필요가 있습니다.

위험의 중심에 선 한국, 이때 필요한 우리의 자세는?

변화된 세계 경제 질서, 변화된 금융시장 환경은 한국 경제에 큰 위협으로 작용할 전망입니다. 국제 분업 구도의 재편은 지정학적 위험을 야기해 안정적 공급망 훼손으로 이어질 수 있습니다. 이는 원자재 수입국이자 중간재 수출국인 한국에 큰 위협으로 작용합니다.

국제 분업 파괴 과정에서의 글로벌 물동량 위축은 수출 중심의 한국 경제에 더욱 큰 영향을 미치며, 미국과 중국의 낙수효과는 향후 더 약해질 가능성이 높습니다. 산업별로 살펴보면 더 큰 우려를 갖게 됩니다. 미국과 중국의 전략 육성산업은 반도체, 전기차(2차전지), 신재생에너지, 제약·바이오 산업으로 압축됩니다. 이는 한국 대기업의 주력 사업 포트폴리오이며, 한국 제조업이 국제 공급망의 안정을 가정해야만 우위를 점할 수 있는 산업군이기 때문입니다.

한국 기업의 위기보다 가계가 봉착한 위험이 더욱 엄중해 보입니다. 2024년부터 이어진 수출 회복의 온기는 가계로 전해지지 않았습니다. 500만 이상의 자영업자, 그리고 이와 연계된 1,000만 이상의 가구의 위험은 일시적 정부지출로는 해소되기 어렵다는 판단입니다.

부채절벽에 위치한 한국 가계자산의 위험은 국민 다수가 인지하고 있습니다. 지금이 바로 행동할 시간입니다. 물가 상승 압력의 장기화와 고금리, 신용 축소 시대 진입에 적극적 대비가 필요하기 때문입니다.

한국 가계부채는 가계 부동산 모기지를 기반으로 GDP 대비 105%까지 증가했습니다. 이는 미국 75%, 일본 67%, 중국 61%와 비교해 보면 얼마나 위험한 수준인지 체감할 수 있습니다. 가계자산의 80% 이상까지 편중된 부동산(전세금 포함) 비중, 원화 예금 중심의 금융자산은 강달러, 고금리, 고령화, 금융시장 변동성 확대에 취약한 구조를 가질 수밖에 없습니다. 다음 파트에선 한국 개인 투자자의 시각으로 구체적이고 실질적인 투자 방법론을 보충해 보도록 하겠습니다.

이번 책을 집필하게 된 계기도 한국이 봉착한 대외적 위기와 한국이 스스로 누적한 대내적 위험과 불균형에서 3대 경제 주체인 정부, 기업, 가계의 대응책을 찾기 위함입니다.

다음 파트인, '한국의 미래'에서 한국 경제위기의 본질을 짚어보고 전환의 방법론을 각 경제 주체의 입장에서 다각도로 모색해 보도록 하겠습니다.

PART 2

한국의 미래
: 마지막 골든타임의 문턱에서

0% 성장, 위험에 직면한 한국 경제

0% 성장에 진입한 한국 경제

2018년 이후 한국 경제 성장률은 지속적으로 세계 평균을 밑돌고 있습니다. 미국과의 성장률 격차도 점점 벌어지고 있죠. 신정부가 30조 원 이상의, 팬데믹 이후 최대 규모의 추가경정 예산안을 편성했지만 2025년 성장률은 0%대에 머물 것이라는 전망이 지배적입니다. 이는 일본의 '잃어버린 30년' 초기와 유사한 수준입니다.

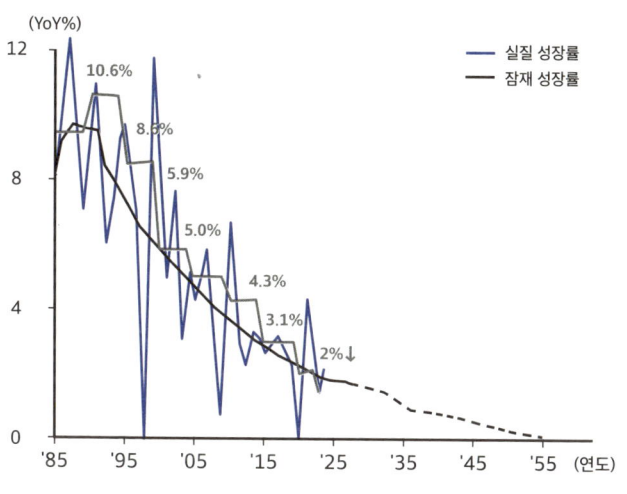

출처: Bloomberg, LSEG

    잠재 성장률[1]은 한 나라의 미래 성장 체력을 가늠하는 기준입니다. 한국의 잠재 성장률은 2000년대 초반 5%를 넘나들던 수준에서 2020년대 2% 초반으로 추락했고, OECD는 2026년 한국의 잠재 성장률을 1.98%로 낮춰 잡았습니다. 불과 10년 만에 1%p 이상 하락한 수치입니다. 더 큰 문제는 이 하락세가 멈추지 않는다는 점입니다. KDI와 한국은행은 2030년대 한국의 잠재 성장률이 0.1% 이하로 주저앉을 가능성을 경고하고 있으며, 일부 시나리오에선 아예 마이너스 성

---

1 잠재 성장률: 한 나라가 인플레이션 없이 달성할 수 있는 최대 성장률을 말한다. 경제 정책의 목표와 한계를 가늠하는 기준으로 사용되며, 장기 구조적 성장성 평가에 활용된다.

장에 진입할 것이라는 분석도 제시되고 있습니다.

끓는 물 속 개구리 효과(Boiling frog syndrome)처럼 우리는 경제가 직면한 위험에 스스로 둔감해지고, 구조 개혁의 부재 속 정부 부양책 확대 기대만 높여가는 것이 아닐까요? 한국이 직면한 위험에 대한 경고가 끊이지 않지만 안타깝게도 실질적인 대안은 부재한 상황입니다. 위기 극복은 냉철한 위험 인식으로부터 시작되어야 합니다. 한국이 현재 직면한 위험의 구조적 배경부터 자세히 짚어보겠습니다.

한국이 직면한 구조적 위험

먼저 장기 성장 방향을 제시하는 잠재 성장의 세 가지 구성 요소(노동, 자본, 기술)를 짚어보면 한국이 직면한 구조적 위험을 더욱 실감하게 됩니다. 최근 세계 주요 경제학술지들은 한국을 잠재 성장률이 빠르게 위축되는 대표적 사례로 지목하며, 다수의 논문에서 인용되고 있습니다.

먼저 노동 부문부터 보겠습니다. 한국은 세계에서 가장 빠른 속도로 생산가능인구가 감소하고 있는 국가입니다. 그 배경에는 저출생과 고령화가 있죠. 하지만 그것이 전부가 아닙니다. 자살률, 이혼율, 노인빈곤율 등 삶의 질을 위협하는 사회지표에서도 한국은 OECD 국가 중 최상위에 속해 있습니다. 이러한 구조는 단순한 통계가 아니라, 노동 공급 기반 자체를 무너뜨리는 심각한 문제입니다.

자본 역시 순유출 중입니다. 국내 민간투자는 현저히 감소하고, 해외투자는 실물과 금융 모두에서 확대되며 자본 이탈이 가속화되고 있습니다. 그간 국내투자를 주도했던 건설투자는 구조적 위축에 진입했고, 그나마 차별적 업황 회복을 이어간 반도체, 자동차, 산업재(조선·방산) 업종 역시 국내가 아닌 해외투자를 결정하면서 수출 회복의 낙수효과는 단절되고 있습니다.

기술 부문(총요소생산성[2])은 어떨까요? AI 확산과 디지털 전환 속에서 일부 대기업의 생산성은 개선되고 있지만, 서비스 산업 전반의 생산성 정체가 전체 경제의 발목을 잡고 있습니다. 한국은 OECD 국가 중 자영업자 비중이 유독 높은 나라입니다. 그런데 이 서비스 부문의 생산성이 매우 낮아, 전체 국가 생산성 향상을 갉아먹고 있는 실정입니다.

더 심각한 것은 잠재 성장을 구성하는 모든 분야에서 이렇다 할 반등의 징후도, 실효성 있는 정책 대안도 보이지 않는다는 것입니다.

---

[2] 총요소생산성: 총생산에서 노동과 자본의 직접적 기여분을 제외한 나머지 생산의 효율성을 나타내는 지표로 노동생산성과는 구별된다.

3대 경제 주체의 기형적 성장

이처럼 구조적 취약성이 드러나게 된 배경에는 정부, 기업, 가계라는 3대 경제 주체 간 선순환이 더 이상 작동하지 않는 현실이 있습니다. 2024년 한국의 수출 총액은 7,000억 달러에 육박하며 사상 최대치를 경신했습니다. 이는 반도체 수출 회복의 온기였으며 자동차, 조선·방산도 전례 없는 호황을 누렸습니다. 문제는 수출 회복의 성과가 내수 진작으로 연결되지 못하고, 소비 침체가 장기화되고 있다는 점입니다.

2025년 역시 트럼프발 관세 위험과 대외 경기 위축으로 인해 수출의 역성장을 피하기 어려울 것으로 예상됩니다. 우리는 이 진퇴양난의 형국을 어떻게 헤쳐나가야 할까요?

본질에 접근해 보겠습니다. 한국 경제가 직면한 현재의 위험은 오랜 기간 누적된 불균형에 기인합니다. 국내총생산(GDP)은 수출, 투자, 소비, 정부지출로 구성됩니다. 1970년 이후 한국은 기업의 매출(수출)이 국내투자로 이어졌고, 이는 고용 창출과 내수시장 확대의 선순환 경제 구도 속에서 고성장을 지속해 왔습니다.

선순환 구도의 성장 구도가 파열되기 시작한 시점은 2012년부터입니다. 미국발 금융위기 이후 중국의 대규모 경기 부양 정책이 시행되면서 중국발 수요 회복과 공급 부족이 동반되었습니다. 이 시기를 기점으로 한국 기업의 대중국 해외직접투자가 본격화됐습니다.

문제는 여기서부터 시작됩니다. 기업의 수출은 과거 추세선을 넘어서며 폭발적으로 증가했지만, 정작 국내 설비투자는 턱없이 미진했습니다. 오히려 국내투자 계획이 줄줄이 취소되고, 희망퇴직을 포함한 국내 생산기지 축소 결정까지 내려지면서 수출과 내수 간의 극심한 양극화가 시작된 것입니다

수출은 3년, 10년 단위의 경기 순환 주기에 따라 자연스러운 확장과 위축을 반복하기 마련입니다. 정부는 대외 위기가 발생할 때마다 금리 인하와 유동성 공급이라는 익숙한 방식

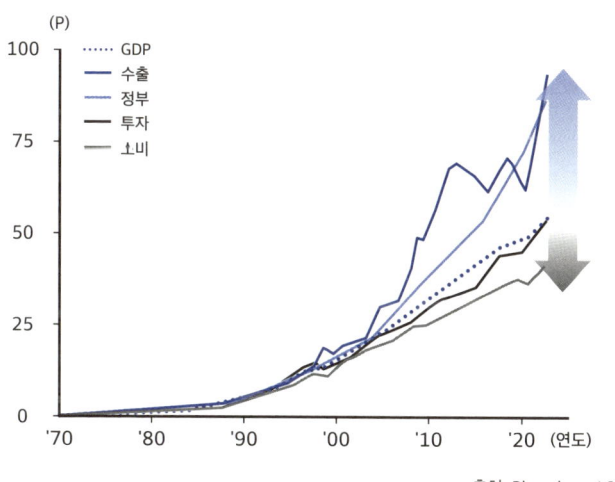

수출과 내수의 양극화를 보이는 한국 경제

출처: Bloomberg, LSEG

으로 수출 방어에 나섰습니다. 하지만 이러한 정책은 필연적으로 가계부채를 폭발적으로 확대시키고, 부동산 가격을 비정상적으로 끌어올리는 부작용을 낳았습니다.

본래 재정의 역할은 자원을 효율적으로 재배치하고 경제 주체 간의 균형을 잡는 것이어야 합니다. 그러나 한국의 정부 재정은 오히려 정부, 기업, 가계라는 3대 경제 주체의 기형적 성장을 심화시키는 도구로 전락하고 말았습니다.

숫자를 들여다보면 한국 경제가 처한 위기는 더 분명히 다가옵니다. 한국의 가계부채는 2010년 이후 세계 최고 수준의 속도로 증가해 가계소득 대비 187%, GDP 대비 약 105%까지 치솟았습니다. 일본의 자산 버블이 붕괴될 당시 가계부채 최고치가 78%에 불과했다는 점을 감안하면 그 심각성을 체감할 수 있습니다.

트럼프 관세전쟁 이후 글로벌 교역 위축은 불가피하고, 중국의 기술 추격까지 현실화되며 수출은 대외환경 어디에서도 돌파구를 찾기 어려운 상황입니다. 가계부채를 활용한 경기 부양 수단까지 소진됐습니다. 대출 총량 규제로 금리 인하에도 가계의 경기 진작 요인은 제한되고 부동산 가격에 대한 불안 심리는 오히려 금리 인하 기대마저 제약하는 상황입니다.

그렇다고 모든 게 암울하기만 한 건 아닙니다. 이재명 신정부 도래에 갖는 기대는 주식시장에서의 축포로 쏘아 올려졌습니다. 2025년 7월 기준 KOSPI 수익률은 연초 대비 30%를 넘어서며 주요국 증시 수익률 1위를 기록했습니다. 이는 역사적 상승세를 보이고 있는 국제 금 가격 상승률까지 뛰어넘는 수준이죠. 그동안 과도하게 저평가되었던 우리 주식시장에 재정 확장과 상법 개정[3]에 대한 기대감이 더해진 결과입니다.

우리는 'KOSPI 5,000 시대'를 맞이할 수 있을까요? 불가능하진 않겠지만 냉철한 시각도 필요합니다. 이익 추정치 개선 없이 올라선 주가에 밸류에이션 부담이 점증되고 있기 때문입니다. 결국 이러한 구조적 위기를 타개할 구조적 개혁에 성공해야 합니다.

현재 한국 경제의 3대 주체인 정부, 기업, 가계 모두 전례 없는 위험에 노출되어 있습니다. 대외적으로는 미국 주도의 세계 경제 질서 재편이라는 거대한 변화의 물결을 헤쳐나가야 하고, 유럽과 중동발 지정학적 불안정이 한반도까지 영향을 미치고 있습니다. 세계 경제 성장률 둔화와 공급망 불안이 부추긴 고물가·고금리 기조는 재정 확대를 계획하는 정부 정책의 부담을 가중시키고, 이미 과도한 부채에 시달리는 가계에게 더욱 큰 위협이 되고 있죠.

---

3 상법 개정: 기업지배구조, 배당 정책, 감사권한 등을 규정한 상법의 개정은 자본시장의 질적 변화를 이끈다. 투자자 보호와 경영 투명성 제고를 위한 제도 개편 논의에서 중심이 되는 이슈다.

물론 희망의 실마리도 보입니다. 국내 10대 그룹사들이 위기경영 체제로 전환하며 사업 포트폴리오 재편에 나섰고, 예상보다 강력한 추경 집행이 경기 회복의 마중물 역할을 해줄 것이라는 기대도 있습니다. 하지만 여기서 반드시 기억해야 할 점이 있습니다. 기축통화국이 아닌 우리나라에게 신정부의 재정 확대는 말 그대로 **'마지막 남은 한 발의 총알'**일 수도 있다는 것입니다. 만약, 이번 재정 확장으로 경기 회복과 구조 개혁에 실패한다면, 그 결과는 장기 침체와 부채 절벽이라는 부메랑이 되어 돌아올 수 있습니다. 이제 정말 절박한 심정으로 사회적 합의를 이뤄내야 할 때입니다.

이번 파트에서는 정부, 기업, 가계 각 주체가 안고 있는 위험 요소들을 하나하나 정확히 짚어내고, 구조 개혁을 위한 현실적인 해결 방안까지 제시해 보려고 합니다.

솔직한 마음을 전하자면, 이는 다소 불편하고 씁쓸한 현실들과 마주하는 과정이 될 것입니다. 애널리스트가 가진 부족한 혜안만으로 국가 경제 전반에 대해 이야기하는 것이 다소 주제넘은 일은 아닌지 스스로도 조심스럽습니다. 하지만 위기의 본질을 정확히 인식하고 냉정하게 받아들이는 것만이 진정한 해법을 찾아가는 첫걸음이 될 수 있다고 믿기에 오랜 시간 금융시장 현장에서 체감한 경험을 바탕으로 우리 경제의 현주소를 진솔하게 진단해 보겠습니다.

가계篇: Great rotation, 한국판 가계자산 대이동

끝이 보이지 않는 내수 침체

대한민국 내수시장은 이미 장기 침체 경로에 진입했습니다. 가계부채와 부동산의 맞물린 상호적 위험은 한국 경제의 뇌관으로 자리 잡았으며, 여기에 결부된 고령화와 저성장은 내수 침체의 구조적 배경으로 작용하고 있습니다.

더욱 심각한 문제는 수출 회복에 대한 기대가 내수 회복을 견인하기에 역부족이라는 점입니다. 지난해 수출 회복은 가계소비 개선 효과로 이어지지 못했고, 기업의 경영 활동 위축 우려는 고용시장의 부담을 가중시키고 있는 형국입니다.

무엇보다도 우리는 지금 신용 확대에 기반한 성장 모델의 한계에 직면해 있습니다. 금리 상승은 가계의 이자 부담을 가중시키며, 가처분소득을 직접적으로 압박하고 있습니다. 이는 단순한 유동성 위축이 아니라, 가계의 실질 소비 여력을 장기적으로 훼손시키는 구조적 충격입니다.

돌고 돌아 또 부동산입니다. 부동산 시장의 양극화는 단순한 자산가격 문제가 아닌, 빈부격차 확대와 사회 시스템 전반의 불균형으로 연결되고 있습니다. 이 문제는 시간이 지날수록 더 깊어질 뿐 해결의 실마리는 보이지 않습니다.

실제로 가계부채가 빠른 속도로 증가하는 동안에도 KOSPI200에 편입된 대기업들의 현금성 자산 총액은 400조 원을 넘어서며 역사적 최고치를 기록했습니다. 이 속도는 가계부채 증가율을 능가하는 수준입니다. 한쪽은 이자 부담에 짓눌리고, 다른 한쪽은 유보 현금을 쌓아두는 비대칭적 구조가 고착화되고 있으며, 이는 내수 경기의 활력을 더욱 갉아먹고 있습니다.

그럼에도 정부는 가계와 기업의 양극화를 방관하고, 예견된 부실 위험에 눈을 감고 있는 듯한 모습을 보이고 있습니다. 구조적 개혁 없이는 내수 기반은 더욱 약화될 것이고, 가계 경기는 고착된 침체 구간으로 접어들 수밖에 없습니다.

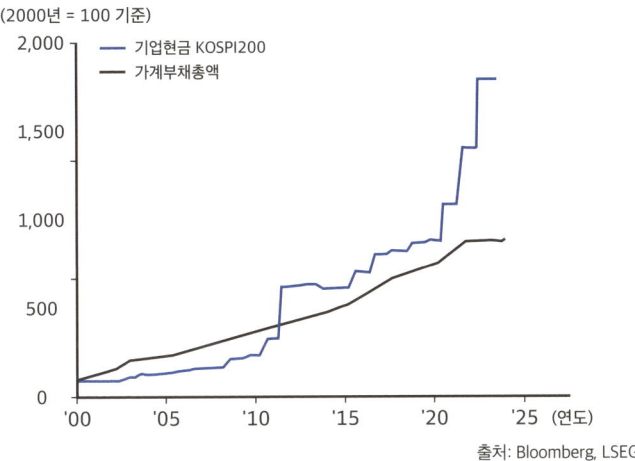

가계부채 증가와 부동산 과열이 야기한 위험

　가계부채 축소는 험난한 여정이겠지만, 장기간 누적된 위험은 결국, 위기를 직면해야만 비로소 해소의 첫걸음을 뗄 수 있습니다.
　주목할 점은 부채 위험이 일정한 패턴과 주기를 반복한다는 사실입니다. 과거 선진국 사례에서 가계부채 해소 과정을 면밀히 추적해 보면, 한국이 직면할 위험을 예측하고 선제적인 대응책을 강구할 수 있습니다.

다소 복잡해 보일 수 있지만, 한 국가의 '**부채 순환 주기**'라는 개념을 이해하는 것이 중요합니다. 국가의 부채 순환은 일반적으로 기업부채 → 가계부채 → 정부부채 순으로 이동합니다. 고성장기에는 제조업 중심의 기업부채가 증가하고, 산업이 서비스 중심으로 재편되는 과정에서 가계부채가 급격히 확대됩니다. 이 시기에 부동산과 금융시장 버블이 동시에 팽창하고, 결국 금융 시스템이 수용할 수 있는 한계를 넘어서면 부채 조정 국면으로 진입하게 됩니다.

흥미로운 점은 가계부채가 축소되는 시점부터 정부부채가 확대된다는 점입니다. 미국은 2008년 금융위기(서브프라임 사태) 이후 가계부채가 줄어드는 대신 정부가 재정지출을 늘리는 방식으로 경제를 떠받쳤고, 일본 역시 자산 버블 붕괴 이후 장기불황 속에서 같은 경로를 밟았습니다.

한국의 부채 사이클도 이를 똑같이 답습하고 있습니다. 가장 먼저 증가한 기업부채는 1997년 외환위기 이후 축소됐고, 마찬가지로 가계부채 위험도 비켜갈 수 없습니다. 한 가지 희망이 있다면 정부가 재정 확대를 계획하고 있는 지금이 위험을 최소화하면서 가계부채를 줄여나갈 수 있는 절호의 타이밍이라는 점입니다.

과거 부동산 버블과 가계부채 위험을 해소한 국가는 크게 두 가지 유형으로 구분됩니다.

첫 번째는 '단기 충격형' 경로입니다. 부동산 가격이 급락하면서 금융 시스템 부실이 빠르게 확산되는 케이스입니다. 일본의 자산 버블 붕괴와 미국의 서브프라임 모기지 사태가 대표적인 사례입니다.

두 번째는 '점진적 구조 개혁' 경로로, 장기간에 걸쳐 가격을 안정시키면서 부채를 천천히 줄여나가는 방식입니다. 노르웨이, 아일랜드, 덴마크, 네덜란드 같은 유럽 국가들이 이런 길을 택했습니다.

많은 분들이 한국 부동산 가격이 떨어지면 첫 번째 위험 경로로 갈 것이라고 걱정하고 계실 것입니다. 현재 이재명 신정부는 두 번째 경로를 목표로 삼고, 대출 총량을 통제하면서 부동산 자금을 금융시장으로 유도하는 방식의 구조 개혁을 시도하고 있습니다.

그렇다면 한국은 어느 경로로 향할까요? 필자는 한국이 '제 3의 경로로 진행되고 있다'고 주장합니다. 첫 번째 케이스의 가능성을 낮게 생각하는 이유는 한국의 금융시장은 높은 건전성을 갖추고 있기에 급진적 금융 위험으로 진행될 가능성이 제한적이기 때문입니다. 쉽게 말해 부동산 가격이 하락해도 이로 발생하는 문제가 금융 시스템의 위험으로 전이될 가능성이 낮다는 뜻입니다.

좀 더 구체적으로 설명하겠습니다. 시중은행 대출은 위험 요구가 낮은 소매금융에 집중돼 정책 당국의 건전성 요구에 충족합니다. 특히 부동산 채무의 약 70%가 고소득·고자산 계층(4~5분위)에 집중되어 있으며, 이들은 대부분 서울 도심의 고가 아파트를 보유한 경우가 많아 담보가치와 상환 능력 모두가 양호합니다.

물론 PF(프로젝트파이낸싱)[4] 부실 확대, 자영업자 대출, 소득 하위 1~3분위 저신용자 대출 부문은 취약하지만 시스템 전체의 위기를 유발할 수준은 못됩니다. 최악의 케이스를 배제할 수는 없지만 한국은 일본이나 미국 사례처럼 부동산 위기가 금융 시스템 전반을 뒤흔들 가능성이 제한적입니다.

투자자분들로부터 가장 많이 받는 질문이 "부동산 전망이 낙관적인가, 비관적인가"입니다. 결론부터 말씀드리면, 한국은 지금 세계 어느 나라도 겪어보지 못한 독특한 위기 상황에 빠져 있고, 그 충격은 부동산 가격 하락이나 금융시장 위험이 아닌 우리 "사회 시스템 자체의 문제"로 확산되고 있다는 현실을 직시해야 합니다.

한국 부동산 위기의 특징은 '양극화'라는 형태의 제3의 경로로 진행되고 있습니다. 이는 지역 간 격차와 계층 간 격차를 동시에 야기하는 한국만의 독특한 현상입니다.

---

4 PF: 대출의 한 종류로 타인 또는 보유 자산에 대한 보증 없이 미래 계획과 현금흐름에 따라 대출을 받을 수 있는 방법.

필자는 KTX 소요 시간과 지하철 출퇴근 시간을 기준으로 60분·90분 생활권, 통근권 개념이 부동산 양극화의 경계를 결정하고 있다고 봅니다. 예를 들어, 서울역과 수서역을 기준으로 KTX 60분 거리는 대전, 90분 거리는 대구에 해당하며, 이들 지역과 서울 사이의 의료·교육·문화 사회 인프라는 교통과 통신의 발달에 점차 소실되고 있습니다. 서울 내에서도 강남, 여의도, 시청 등 주요 중심지를 기준으로 60분·90분 통근권 외곽지역과의 가격 격차가 보다 뚜렷해지고 있습니다.

문제는 이 격차가 일시적인 가격 차이에 그치지 않고, 사회적 사다리의 단절로 이어지고 있다는 점입니다. 반복된 부동산 경기의 단기 조정은 오히려 이 격차를 줄이기는커녕 더욱 벌리는 방향으로 작용하고 있습니다.

결국, 부동산 가격 격차는 부의 격차를 확대하고 사회 계층 간의 갈등 및 유동성 함정을 야기하는 배경이 되었습니다. 다소 과감한 진단일 수 있지만, 출생률, 이혼율, 자살률 모든 분야에서 한국이 OECD 최악의 기록을 세우고, 좌와 우로 극명하게 갈라진 우리 사회 시스템 문제의 핵심 배경에 부동산 시장의 양극화가 자리하고 있습니다.

정부 정책 변화에 주목해야 하는 이유

한국 경제의 '마지막 골든타임'을 논하는 지금 정부의 역할은 그 어느 때보다 중요합니다. 정부에게 남은 '한 발의 총알', 즉 재정 확대 정책이 과연 한국 경제의 구조적 문제를 해결할 수 있을지에 대한 냉정한 평가가 필요합니다.

우선, 부동산 시장의 냉혹한 현실부터 직시해야 합니다. 정책보다는 시장이 주도하고, 수요보다는 공급이 주도하는 부동산 안정화 정책은 존재하지 않습니다. 선진국 그 어느 사례에서도 찾을 수 없습니다. **부채는 달리는 자전거와 다를 바 없습니다.** 멈추면 중심을 잃고 쓰러집니다. 부채의 확장은 달콤하나 고통 없이 감소할 수 없습니다.

정부 정책의 목표는 장기적 관점에서 위험을 최소화하고 구조 개혁을 단행하는 것입니다. 부동산 가격은 수요, 공급, 재고라는 세 가지 요소에 의해 결정됩니다. 결국 정부는 이 세 가지를 정책적으로 통제할 수밖에 없으며 그 방식은 보다 정밀하고 보다 지속 가능한 방향이어야 합니다.

수요 측면을 보겠습니다. 수도권 수요 분산을 위해 지방 혁신도시 개발을 계획하고, 투기적 수요 억제를 위해 대출을 통제하고 세금을 부과하는 정책이 추진되고 있습니다. 시장이 예상치 못한 시점의 대출 총량 규제 정책은 상당히 높은 실효성을 가질 것으로 기대됩니다. 하지만 가격 하락을 기다리는 투기 수요 모두를 억제할 수는 없을 것입니다.

공급 측면은 어떨까요? 재개발 확대와 위성도시 인프라 개발, 그리고 용적률 상향을 포함합니다. 문제는 지방 혁신도시 개발은 정부청사 이전으로 시작되었으나, 비용 대비 정책 효과가 미진했습니다. 또한 확장적 재정 기조 속에서 추가 재원 확보가 어려운 현실에 직면하고 있습니다.

더욱 큰 문제가 있습니다. 투기 수요 억제를 위해 대출 규제와 세금 부과를 추가 상향할 수 있겠지만, 대출 제한조치는 이미 세계에서 가장 높은 수준이며, 대출금리 인상은 부채 상환 부담을 확대해 소비 여력을 악화시키는 문제를 야기합니다. 한국의 부동산 세금은 OECD 최상위 수준이며 거래세 부과 확대 정책의 실질적 효과가 크지 않음은 문재인 정부의 부동산 정책에서 이미 확인됐습니다.

한국의 가계부채와 부동산 정책은 장기적이고 일관된 정책 기조가 필요하고 이를 위해서는 사회적 합의가 반드시 동반돼야 합니다. 부채비율 축소를 위해서는 분자(부채총액)의 증가 속도보다, 분모(경제 및 소득 규모)의 증가세를 높이는 방향이 유일한 해법입니다.

과거 선진국의 가계부채 위험은 과잉과 부실, 이후 해소의 경로를 거쳤는데 이 과정에서 주목할 변수는 가계부채 축소가 아니라 가계부채가 정부부채로 전환하는 과정이었습니다.

재정 확대를 계획하는 현 정부는 가계부채 축소를 최소 고통으로 진행할 수 있는 적기에 섰습니다. 부채 총량 축소 정책은 기회비용이 높은 정책입니다. 그만큼 신중하게 접근해야 합니다. 총량 규제와 상환 능력 기준을 상향하는 전략 모두 이미 높은 수준의 규제라는 문턱이 존재합니다.

가계의 입장에서 주목할 정책 변화는 무엇일까요? 부동산 투기 수요 억제를 위해서는 대출 규제와 세수 인상 정책보다 **'부동산에서 금융자산으로 가계자산 이동'**을 유도 중인 정책 변화에 주목해야 합니다.

현 정부의 정책 기조 큰 틀도 이와 같으며 이는 부동산 연착륙(Soft landing)의 유일한 대안입니다. 이전 정부의 밸류업 정책과 현 정부의 상법 개정 역시 이런 취지에서 대표적 금융자산 주식의 상대적 매력을 높이는 정책 방향입니다.

하지만 맹목적인 주식 비중 확대를 추구해서는 안 됩니다. 이익 증가가 부재한 주식시장에서 기업가치 상승 정책은 일회성 요인이기 때문입니다. 목표 가격까지의 상승세는 높아질 수 있으나, 주도력은 상승한 만큼 약해질 수밖에 없습니다. 성장과 분배의 선순환적 연계고리가 완성되어야 코리아 디스카운트가 본질적으로 해소될 수 있습니다. 부동산과 가계부채는 하늘과 땅이 함께 도와야 할 중대한 과제임에도 대내외 환경이 녹록지 않아 걱정이 앞섭니다.

금융자산의 비중을 확대해야 하는 또 다른 이유는 더욱 적극적인 금융세제 개혁이 예상되기 때문입니다. 고령화와 저성장 단계에 접어든 국가의 금융세제 인하는 부동산에서 금융자산으로의 자금 이동과 노후 안정을 도모할 수 있는 유일한 정책 수단입니다.

일본의 성공 사례를 반드시 주목해야 합니다. 일본 아베 정부에서 쏘아 올린 세 가지 화살의 핵심은 양적완화와 구조 개혁의 동반이었습니다. 그중에서도 핵심은 금융자산의 상대적 가치를 높이는 자산배증정책(Asset Income Doubling Plan)[5]이었습니다.

이는 단순히 가계의 투자 포트폴리오 전환을 넘어 경제 전반의 자본 효율성을 높이고 새로운 성장 동력을 확보하기 위한 구조적 개혁으로 작용했습니다. 대표적으로 ① 기업지배구조 개선 및 주주환원 확대, ② 장기투자 세제 혜택, ③ 연금시스템 개혁과 NISA(일본식 ISA) 도입 확대 정책 등이 있습니다. 이런 정책들의 결과 일본은 가계자산에서 금융자산의 비중을 점진적으로 늘려 나갔습니다.

이로 인해 일본 경제의 모든 문제가 해결된 것은 아니지만,

---

[5] 자산배증정책: 민간 저축과 기업의 내부유보금을 경제 성장을 위한 재원으로 활용, 투자자산의 가치를 높여 민간의 부를 늘리는 일종의 투자촉진 정책이다.

이 정책은 부동산 거품 붕괴 이후 침체된 내수와 금융시장에 활력을 불어넣고, 기업의 장기적 성장을 지원하는 중요한 발판이 되었습니다. 특히 기업의 구조조정과 맞물려 시너지를 냈다는 점에서 정부 정책에 의미 있는 교훈을 제공합니다.

이제 한국의 선택은 명확합니다. 한국은 일본과 유사하게 과도한 가계부채와 부동산 쏠림 현상을 겪고 있습니다. 지금 이야말로 일본과 선진국 사례를 교훈으로 삼아, 가계자산의 대대적인 이동을 준비해야 할 '마지막 골든타임'입니다.

정부는 과감한 정책적 결단으로 가계부채의 연착륙을 유도하고, 생산적 자산으로의 자금 흐름을 촉진해야 합니다. 그렇지 않으면 한국 경제는 회복 불가능한 깊은 수렁에 빠질 위험이 있습니다.

다행히도 한국 정부도 일본을 벤치마크해 정책 변화 속도가 눈에 띄게 빨라지고 있음을 체감할 수 있습니다. 윤석열 정부의 밸류업 프로그램과 금융세제 개혁이 시작됐고, 이재명 신정부 출범과 함께 상법 개정과 주주가치 제고, 배당소득 분리과세 등의 금융 개혁 정책이 본격 추진되고 있습니다.

이제는 가계 스스로가 이 변화의 흐름을 읽고, 자산 전략을 재편할 시점입니다. 부동산 정책의 변화뿐만 아니라, 금융자산으로의 자산 이동을 가속화하는 정부의 신호에 주목해야 할 때입니다.

가계자산의 대이동을 준비하라

가계자산 재분배의 절실한 필요성을 강조하고 싶습니다. 한국 경제의 기형적 성장 구도는 기형적인 가계자산 포트폴리오로 귀결됐습니다. 소득과 자산 분위별 다소의 차이는 존재하나 한국인 가계자산의 70~80%는 부동산(전월세 포함)에 편중됐고 금융자산 비중은 20~30%에 불과합니다.

더 큰 문제는, 금융 자산의 80% 이상마저 예금에 치중되어 있다는 현실입니다. 금융자산 비중이 40~70%를 차지하는 선진국(미국 70%, 일본 65%, 영국 50%)과 비교해 극명한 차이가 존재합니다. 한국 가계자산 구조는 선진국 소득 분류에 대입했을 때, 의식주 해결에 어려움을 겪는 선진국 극빈층의 자산 구조와 유사한 취약성을 내포하고 있습니다.

변화의 시급성을 강조한 이유는 무엇일까요? 그 이유는 지난 20~30년과 완전히 차별화된 환경이 조성되고 있기 때문이고, 이는 한국 가계에 엄중한 위험임을 인지해야 하기 때문입니다. 기업(수출) 경쟁력 훼손이 본격화되며 고용시장 장기 불황이 시작되었습니다. 20년래 가장 높은 수준의 고금리 부담도 장기화되며 직접적인 위험에 노출되고 있습니다. 부채 팽창과 부동산 가격 상승이 주도한 가계 소비, 부동산 투기 수요도 더 이상 이어지기 어려운 환경입니다.

오해가 없기를 바랍니다. 지금 당장 기업 부실 확대나 부동산 버블 붕괴로 인한 끔찍한 금융 리스크가 발생할 것이라는 경고가 아닙니다. 다만 소득 대비 과도한 부채와 부동산 편중은 작은 균열에도 취약한 위험에 직면할 수 있기에 경각심을 가져야 한다는 강조의 의미입니다.

현재 선진국형 가계자산 포트폴리오는 하루아침에 만들어진 것이 아닙니다. 이들 국가는 자산가격 버블과 금융위기에서 막대한 손실과 감당할 수 없는 고통을 겪으며 ① **정부 주도의 구조 개혁**, ② **가계부채 축소**, ③ **금융자산과 실물자산의 적절한 균형**이라는 값비싼 교훈을 체득했습니다.

시간은 더 이상 우리 편이 아니며 변화는 선택이 아닌 생존의 문제가 되었습니다. 과도한 부채 노출에 대한 경계, 금융과 실물자산, 위험자산과 안전자산의 적절한 균형은 예견된 위험에 대비한 첫 번째 발걸음이 되어야 합니다.

우리는 왜 그토록 부동산에 집착했을까?

지난 20년간 세계 경제는 고성장·저물가·저금리·신용 팽창의 골디락스 국면에서 역사적 자산가격 상승 랠리를 이어갔습니다. 주식, 채권, 대체자산(부동산, 원자재) 전반에 걸쳐 경

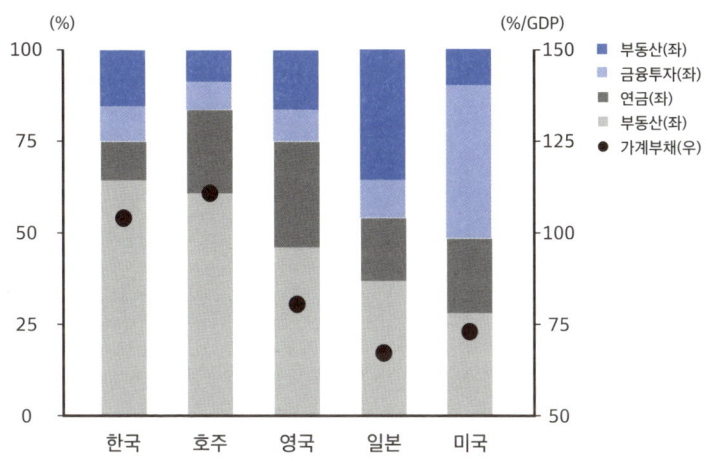

계 없는 에브리씽 랠리였습니다.

의문이 들지 않을 수 없습니다. "왜 유독 한국에서만 부동산 자산 편중이 나타난 것일까요?" 부동산 불패 신화의 본질을 들여다볼 필요가 있습니다.

먼저 상대 수익률 관점에서 비교해 보겠습니다. 지수 산출의 오차가 존재하나 이를 상쇄할 만큼 뚜렷한 차이가 있습니다. 한국 부동산의 20년 누적 수익률은 주식보다 현저히 낮고 채권과 유사한 수준에 그치고 있습니다. 연환산 수익률을 비교해 보면 세계 주가지수가 6.2%, 미국 13.4%로 강남 부동산 4.7%보다 압도적 성과를 보였습니다.

채권은 이자수익보다 금리 하락에 따른 가격 상승 효과로 글로벌 채권 4.1%, 한국 국채 3.8%로 비교적 안정적 수익률을 보입니다. 여기에 변동성을 감안한 위험조정수익률에서는 강남 부동산 보유보다 채권의 상대 수익률은 비등한 수준에 있습니다.

일각에서는 특정 아파트 단지 혹은 재개발 투자 수익과의 비교를 주장합니다. 하지만 개별 종목·테마 중심으로 연 100% 이상의 수익률을 기록한 투자 테마의 사례는 차고 넘칩니다. 결론적으로 한국, 강남 부동산 모두 글로벌 주식, 채권 대비 수익률 열위 자산이 분명합니다.

그럼에도 우리가 부동산에 집착한 이유는 무엇일까요? 크게 세 가지 이유이며 모두 흥미롭고 설득력을 가질 만합니다.

첫째, 레버리지(신용)의 위력입니다. 신용을 활용한 실질 수익 극대화에서 부동산이 압도적 우위를 가집니다. 부동산은 그 어떤 금융자산보다 신용을 통한 수익 확대가 가능한 자산입니다. 실투자금 30%로 시세차익 100%를 흡수했고, 경우에 따라 원금의 500% 이상까지도 대출이 가능했습니다. 이는 실현 수익에서 레버리지 효과를 극대화하는 동인이 됐습니다. 실제로 실현 수익에서 강남 부동산 투자는 가장 성공한 투자 대상이었습니다.

둘째, 금융투자 실패의 트라우마입니다. 연이은 금융투자 실패가 남긴 상처가 컸던 것이죠. 한국의 첫 번째 해외투자는 노무현 정부의 경상수지 확대(원화 강세)를 제어하기 위한 해외투자 확대였습니다. 중국 펀드투자로 시작된 해외투자 경험은 참담했습니다. 첫 번째 투자 대상은 중국 본토주식 펀드투자였습니다. 당시 상해종합지수는 6,000pt 이상까지 급등했지만 이후 3분의 1토막까지 속락했죠. 해외펀드의 첫 번째 투자가 대규모 손실로 확정됐습니다.

채권투자도 결과는 마찬가지였습니다. 해외 채권투자는 브라질 국채로 시작됐습니다. 1987년 한국-브라질 간 조세 조약으로 브라질 채권에 이자소득 비과세 혜택이 강점이었고,

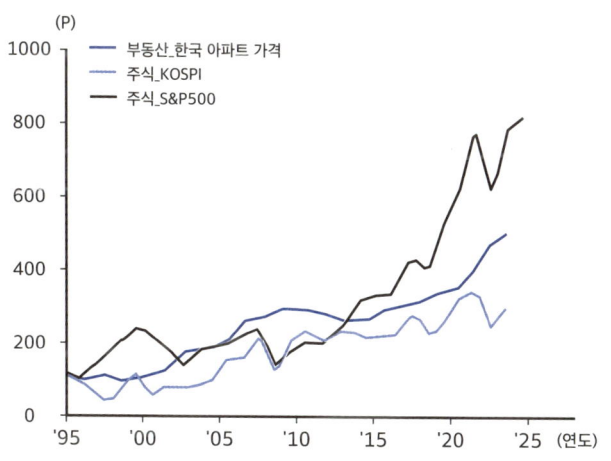

한국 부동산과 비교한 주요 자산별 수익률 비교

출처: Bloomberg, LSEG

10% 이상의 고금리 유혹 또한 달콤했습니다. 8조 원 이상의 자금이 브라질 채권에 집중됐습니다. 하지만 여기서도 큰 손실을 입었습니다. 헤알화의 50% 이상 평가절하로 인해 심각한 환차손을 겪었습니다. 환헤지를 하지 않았던 점이 결정적 원인이었습니다.

국내투자도 실망스럽기는 마찬가지였습니다. 영업이익 성장보다 주식수 증가세가 높은 시장, 중국보다 낮은 배당수익률 등으로 국내 주식 보유 매력은 반감됐고 채권투자의 세금 역시 큰 부담으로 작용했습니다.

셋째, 성숙하지 못한 투자 문화입니다. 금융자산 투자와 자산배분 전략은 모두 장기보유 관점에서 위험을 제어하고 기대수익률을 실현할 수 있는 투자 방식입니다. 하지만 제가 오랫동안 대면해 온 한국 개인투자자들의 주식투자는 '보유'가 아닌 '거래' 관점으로 접근하며, 비현실적인 기대수익률까지 추구하고 있었습니다. 군중 심리에 휩쓸린 테마 투자는 단기적으로는 수익 실현이 가능할지 모르지만, 결국 막대한 손실로 귀결될 수밖에 없는 구조입니다.

반면 부동산은 달랐습니다. 거래 과정에서의 복잡성과 제도적 특성, 그리고 수십 년간 누적된 경험과 노하우 덕분에 자연스럽게 '장기 보유' 관점의 건전한 투자 문화가 정착되었습니다. 이것이 바로 부동산 투자 성공의 핵심이었던 것입니다.

가계자산 포트폴리오 변화의 골든타임

가계 구성원의 소득은 크게 두 가지 축으로 나뉩니다. 첫째는 노동에 기반한 근로소득, 둘째는 가계자산이 창출하는 금융소득입니다. 문제의 시작은 한국 경제의 구조적 위험이 근로소득 증가를 가로막고 있다는 데 있습니다. 가계 구성원의 성실성과 희생만으로 극복하기에는 과거와 다른 장벽이 존재합니다. 노동시장은 경직돼 있고, 인구 구조의 변화는 소득 창출 능력의 위축과 사회적 비용 확대를 동시에 야기하고 있습니다.

제조업 주도의 고성장과 가계부채 팽창 주기를 지나며, 제조업 중심의 근로소득 증가 기회는 축소됐고, 빈부격차는 오히려 확대되었습니다. 이는 선진국의 성장 과정에서도 반복되었던 변화입니다.

더욱이 인공지능(AI)의 확산으로 교육비 지출(=자녀의 학습능력)이 근로소득(=자녀의 미래)으로 보장되었던 선순환 고리가 단절될 가능성이 이미 눈앞에 닥친 위험이 되었습니다.

이제 패러다임이 바뀌었습니다. 근로소득이 아닌 금융소득, 즉 자산 관리의 중요성이 높아졌음을 인식해야 합니다. **'자식 교육의 시작은 사교육이겠지만, 완성은 투자'**가 되어야 하는 세상입니다.

한국 가계는 부채의 절벽을 마주한 채, 저성장·고금리·신용 억제라는 복합적 위험에 노출되어 있습니다. 금융소득의 안정성은 한국 가계가 직면한 구조적 위협에 대응하고, 예견된 리스크에 대비하는 핵심 수단이 될 것입니다.

그렇다면 구체적인 전략은 무엇일까요? 한국 가계자산의 포트폴리오 변화 필요성을 다시 한번 강조하며, 크게 다섯 가지 전략(우선순위 기준)을 제시하고자 합니다.

> 1. 금융자산 비중 확대와 부동산과 연계된 부채 축소
> 2. 합리적 수준의 연간 기대수익률 책정
> 3. 외화 편입과 해외 금융자산 비중 확대
> 4. 이자·배당형 자산을 활용한 확정 수익 확보
> 5. 주식투자는 거래가 아닌 보유의 관점으로, 테마 중심이 아닌 올바른 핵심 포트폴리오(지수추종)를 구축

현실적인 제약부터 인정해야 합니다. 금융자산 비중 확대와 부동산과 연계된 가계부채 축소는 당면한 과제이지만, 단기적 대안이 뚜렷하지 않다는 점 또한 현실입니다. 실거주 중인 부동산을 매각한다는 것은 당장의 거주 문제를 야기할 것

이고, 전월세로 이동하는 것 역시 고정비용 문제를 내포합니다. 즉, 부채 축소는 실물자산(부동산) 매각을 통해 이뤄져야 하지만, 이는 큰 기회비용을 수반합니다.

따라서 가계자산의 재배치와 부채 축소는 장기간, 단계적 계획으로 진행돼야 합니다. 초기 단계에서는 원화 예금에 편중된 금융자산의 재구성이 우선돼야 합니다. 자산배분을 통한 안정적 수익 창출 경험을 축적하는 것이 그 출발점입니다.

가계 구성원의 근로소득으로 창출된 현금흐름을 기반으로 금융자산의 목표수익률을 설정해야 합니다. 퇴직, 결혼 등 특정 생애 주기에 맞춰 목표 금액을 정하고, 금융자산은 이를 앞당기는 수단이자 위험을 줄이는 장치가 되어야 합니다. 다만 **금융자산은 단기 성과가 아닌 장기 보유를 통해 기대수익률에 수렴하는 자산이라는 점을 반드시 인식해야 합니다.**

가장 어려운 질문이 남았습니다. '가계자산의 연간 목표수익률 측정'이 가장 난해한 문제입니다. 개인별 투자 성향, 자산 수준, 위험 수용 능력의 차이가 크기 때문입니다.

원화 기준 무위험금리(Risk-Free Rate)는 1년 만기 국채, 예금, 한국무위험지표금리(KOFR) 기준으로 약 2.3~2.8%입니다. 여기에 위험자산 비중을 더하면 연간 목표수익률은 4~8% 수준의 복리 전략이 보편적입니다.

이 목표수익률에 따라 위험자산(주식)과 안전자산(채권)의 비중이 정해져야 합니다. 흔히 알려진 공식이 있습니다. '100에서 자신의 나이를 뺀 수치가 주식의 비중'이 되어야 한다고 합니다. 예를 들어 20대는 주식 80%, 80대는 주식 20%로 주식 비중을 조정하는 전략입니다. 근로소득의 현금 흐름에 기반해 리스크 관리를 강조하는 합리적 주장이지만 이는 현실과 맞지 않습니다.

왜 그럴까요? 60세 동일 퇴직 연령에 가계 금융자산이 100억, 10억, 1억의 차이가 있다면 기대수익률과 위험 수용 기준도 달라져야 하기 때문입니다.

결론은 명확합니다. 시세차익 중심의 부동산 비중은 장기적으로 축소하고, 가계 현실에 맞는 금융자산의 기대수익률을 정립하며, 확정 수익 기반의 안전자산과 위험자산 비중을 합리적으로 조정해야 합니다.

지금 주목해야 할 투자 대안

가장 기다렸던 시간이 아닐까 합니다. 이번에는 필자가 생각하는 구체적인 금융자산 투자 전략과 유망 자산 선별 기준을 제시해 보고자 합니다. 가계의 금융자산 투자는 한 나라의 성장 주기에 따라 투자 시계와 자산별 전략이 조정돼야 합니다. 지금 우리는 잠재 성장률 둔화와 고령화, 부채 팽창의 주기 후반부에 진입했습니다. 이런 환경에서 가계의 금융투자 전략은 세 가지 방향에서의 근본적인 변화가 필요합니다.

☑ **첫째, 외화 자산의 전략적 비중 확대가 필요합니다**

한국 가계의 투자 성향은 부동산에서는 공격적 성향이 짙은 반면, 금융자산에서는 보수적인 경향이 강합니다. 특히 은행 예금에 편중된 원화자산은 마치 안전자산처럼 인식되고 있지만, 실질적으로 높은 환율 변동성과 낮은 수익률이라는 이중적 위험에 노출되어 있습니다.

최근 수년간 글로벌 외환시장은 달러 가치 변화에 따라 역사적인 수준의 변동성을 보였습니다. 2021년 1,050원대에서 시작한 원달러 환율은 2025년 1,450원까지 상승했습니다. 이 구간에서 원화 예금에만 자산을 두고 있었다면, 달러 기준 자산가치가 30% 가까이 감소한 것과 다르지 않습니다. 아무리 예금금리가 붙었다 한들, 환율 변동으로 인한 자산가치 하락을 상쇄하기 어려운 구조입니다.

앞으로의 전망도 밝지 않습니다. 미국이 주도하는 세계 경제 질서 재편은 제조업 부흥에서 시작됐지만, 궁극적으로는 정부 부채 축소와 달러의 통화가치 방어로 연결될 가능성이 높습니다. 이때 가장 큰 타격을 입는 것은 기축통화가 아닌 원화자산입니다. 서글프지만, 글로벌 금융시장에서 원화는 대표적인 위험자산으로 분류되고 있기 때문입니다. 그렇다면 환율에 따라 자산가치가 격변하는 자산을 과연 '안전자산'이라고 부를 수 있을까요?

금리 격차도 무시할 수 없습니다. 현재 1년 만기 원화 예금 금리는 2.6~2.8% 수준(2024년 7월 기준)에 불과합니다. 반면 전 세계에서 가장 안전한 자산으로 평가받는 미국 국채 10년물 금리는 4% 이상을 기록하고 있습니다. 더 높은 안전을 추구하며 더 높은 수익을 기대할 수 있는 자산이 존재하는데, 원화에만 집중된 포트폴리오가 과연 합리적일 수 있을까요?

결론은 분명합니다. 원화 예금에만 금융자산을 집중하는 것은 낮은 금리와 환율 변동성이라는 이중의 리스크를 감내하는 선택입니다. 외화자산, 특히 달러 표시 자산의 전략적 편입은 이제 단순한 선택이 아니라 필수적인 위험 관리 전략으로 자리잡아야 합니다.

☑ **둘째, 이자 및 배당형 자산의 적극적 비중 확대가 필요합니다**

고령화의 사회적 비용이 확대되고 기대수명까지 연장되고 있습니다. 이는 노후 생활을 위한 안정적인 현금흐름 확보의 중요성과 금융투자의 역할을 더욱 부각시킵니다. 하지만 한국의 현실은 그에 한참 못 미치고 있습니다.

기대수익률별 포트폴리오 구성 전략

기대 수익률	투자 성향	자산 비중	특징 및 전략
2~4%	안정형	예금, 국채, MMF (80% 이상)	원금 보전 우선, 이자수익 기반
4~6%	안정 추구형	국채/우량채(60%) +배당형주식/리츠(40%)	인컴 중심, 주식 비중 포함
6~8%	균형형	주식(50%) +채권(40%) +대체(10%)	분산투자와 위험수익 추구
8~10%	적극 투자형	주식(70%)+채권(20%) +대체(10%)	자본이득 추구, 변동성 수용
10% 이상	공격 투자형	주식(80%이상), 이머징, 테마 ETF	고위험 고수익, 적극적 리밸런싱

출처: 신한투자증권

 현재 한국의 이자소득과 배당소득세는 OECD 국가 중 최상위 수준입니다. 특히, 일정 수익을 초과하면 종합소득세와 연계해 조세 부담이 더해지고 이는 쿠폰형 자산 비중 확대를 가로막는 장벽으로 작용하고 있습니다.

 국민연금 개혁 노력에도 고갈 압력은 시간이 지날수록 확대됩니다. 또한, 근본적인 재원 문제 해결을 위한 사회적 합의 역시 난항을 피하기 어렵습니다. 국민연금을 대체할 사적연금의 비과세 영역 지원도 제한적 수준에 그칩니다.

 결국 정부의 금융 정책은 부동산에서 금융자산으로 가계자산을 이동하고 이자-배당형 수익에 비과세 영역을 확대하고,

사적연금 시장을 확대해 구조적 문제를 해결해 나갈 수밖에 없습니다. 이 과정에서 이자, 배당형 자산으로의 대규모 자산 이동(Great rotation)이 진행될 것입니다.

지금이 바로 그 기회입니다. 현재 잠재된 인플레이션 위험으로 미국 장기국채(20~30년물)는 5% 수준의 수익률을, 국가별 차이는 있지만 우량 회사채 역시 3년물 기준 3~5%대의 금리를 제시하고 있습니다.

한국의 해외 채권투자 비중은 대만·일본과 비교해도 현저히 낮은 10% 수준에 머물러 있으며, 확정 수익 기반 자산의 비중은 심각할 정도로 부족합니다. 확정 지급 이자 수익 비중이 현저히 낮은 한국에게 향후 1~2년은 미국 국채 혹은 고배당 주식 중심의 쿠폰형 자산 편입에 놓쳐서는 안 될 최적의 시기가 될 수 있습니다.

☑ 셋째, 주식투자 전략의 근본적 변화가 필요합니다

가계자산 포트폴리오 전환의 마지막 과제는 주식투자에 대한 인식의 전환입니다.

한국 개인투자자들은 주식을 '보유'의 대상이 아닌 '거래'의 대상으로 인식하는 경향이 강합니다. 특정 테마주 중심으로 과도한 쏠림은 반복됐고 이는 주가 버블 형성과 붕괴라는 악순환으로 이어졌습니다. 수년간 이어진 KOSPI의 지루한

박스권 장세, 그리고 과거 투자 실패의 뼈아픈 경험들이 이러한 인식에 큰 영향을 미쳤을 것입니다.

이런 관점의 주식투자는 필연적으로 실패할 수밖에 없습니다. 주식은 가계자산 운용에 기대수익률을 높이고 장기 보유를 통해 변동성을 제어하는 데 대안이 없을 만큼 핵심적인 자산입니다. 단기적인 시세차익을 좇는 투기가 아닌, 장기적인 보유를 통해 변동성을 제어하고 기대수익률을 높이는 투자 전략으로 전환되어야 합니다.

보유 기간이 길어질수록 주식의 변동성(수익률 표준편차)은 급격히 줄어듭니다. 10년 이상, 특히 15년 이상 주식을 보유했을 때 마이너스 수익률을 기록한 적은 없습니다.

미국 S&P500을 예로 들어보겠습니다. 지난 20년간 연환산 수익률은 약 10.4%, 최근 10년간 연환산 수익률은 약 13.6%에 달합니다(2024년 7월 기준). 이 압도적인 성과는 단기 매매가 아닌, 장기 보유를 통해 이뤄진 결과입니다. 개별 기업의 흥망성쇠와 무관하게 시장 전체의 성장을 추종하는 장기 투자 전략이 압도적인 성과를 입증해 왔습니다.

대한민국 기업이 수출을 통해 국가의 부를 축적했다면, 지금부터는 자본가의 입장에서 축적된 자금을 통해 가계의 부를 늘려 나가야 할 시기입니다.

주식투자는 마치 필라테스나 헬스장 트레이너들이 강조하

는 코어 근육의 중요성과 다를 바 없습니다. 주식투자 역시 중심 역할을 담당하는 코어 근육이 구축돼야 활동 범위를 확장하고 외부 충격까지 흡수할 수 있습니다.

주식시장의 코어는 개별 종목이 아닌, 글로벌 주가지수, 특히 선진국이나 미국 주가지수가 되어야 합니다. 견고한 코어가 중심을 잡아준 상태에서, 시장의 강세 강도나 특정 성장 테마에 전략적 비중 확대 전략을 더해가며 추가 수익을 노려야 합니다. 즉, 주식투자는 '단기 거래'에서 '장기 보유'로, '개별 종목'에서 '글로벌·선진지수'를 코어로 하는 자산배분 전략으로 전환해야 합니다. 이것이 바로 변동성 속에서도 지속 가능한 수익을 추구하고, 가계의 자산을 더욱 단단하게 만드는 유일한 해법입니다.

기업篇: 그래도 한국의 희망은 기업에 있다

사면초가의 한국 기업

현재 한국 기업의 경영 환경은 사면초가에 처해 있습니다. 트럼프 2기 시작과 함께, 한국 기업은 관세 부과 위험뿐 아니라 생산기지 재편에 따른 비용 증가 부담에도 직면했습니다. 최적의 효율과 최소의 생산비용으로 완성되었던 글로벌 공급망은 파괴되고 새로운 재편 과정에 있습니다.

미국과 중국의 갈등은 여전히 해소되지 못했고, 지정학적 리스크는 공급망 불안으로 이어지며 수출 의존도가 높은 한국 제조업에 직접적인 위협으로 작용하고 있습니다.

내수시장마저 녹록지 않습니다. 소비 침체는 구조화되고, 플랫폼 기업의 영향력은 날로 확대되며, 오프라인 유통업체뿐 아니라 자영업자의 경영난이 사회적 문제로 확산되고 있습니다. 한때 돌파구였던 외국인 관광객 유입마저 둔화되고 있죠. 내수 역시 성장 동력을 찾기 어려운 상황입니다. 결국 수출과 내수 모두가 한국 기업을 벼랑 끝으로 내몰고 있습니다.

무엇보다 심각한 위험은 산업 경쟁력의 악화입니다. 한때 세계시장을 선도하며 국제가격까지 결정했던 철강, 정유, 화학, 기계와 같은 범용산업뿐만 아니라, 자동차, 2차전지, 신재생에너지, 스마트폰, 가전, 디스플레이에 이르는 주력산업까지 중국에게 점유율 우위를 내주었습니다. 유일하게 1위 자리를 지키고 있는 메모리 반도체조차 현재의 지위를 장담할 수 없는 위태로운 상황입니다.

한국 기업이 당면한 위험은 기업경기실사지수(BSI)에서 명확히 확인할 수 있습니다. BSI는 기업 대상 설문으로 집계되는 지수로 100 미만은 경기 악화를 의미하는데, 2010년 이후 구조적 하락세가 지속되고 있습니다.

주목할 점은 현재 상황의 심각성입니다. 과거 70pt 이하로 떨어졌던 사례는 미국발 금융위기와 팬데믹 등 국제적 위기 발생에 한정되어 있었습니다. 그런데 지난 몇 년간 세계 경제 성장률이 3%를 상회하고, 한국 수출 증가율이 1년 이상

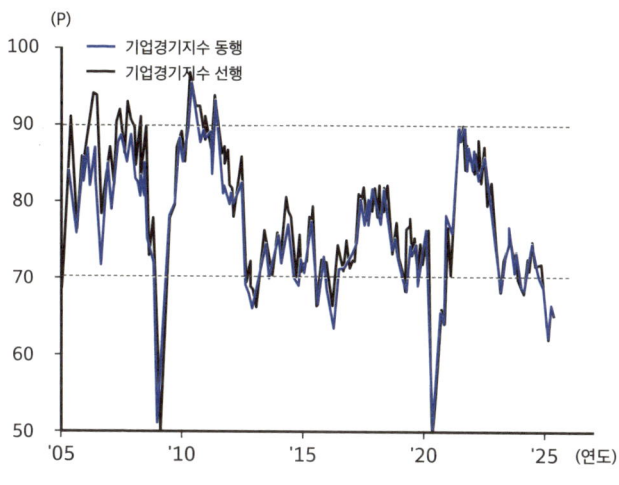

출처: Bloomberg, LSEG

두 자릿수 증가율을 유지함에도 BSI는 70pt을 넘어서지 못하고 있습니다. 심지어 반도체, 조선, 자동차 등 일부 호황 업종을 제외한 대부분의 기업은 미국발 금융위기 국면보다 더 심각한 위험을 체감하고 있습니다.

제조업 패권 대이동의 역사

이대로 무너질 수만은 없습니다. 한국 기업에 희망의 등불을 비추기 위해서는 역사를 통해 얻는 통찰이 필요합니다. 지난 100년간의 제조업 패권 이동의 역사에서 시사점을 도출해보겠습니다.

핵심 패턴부터 파악해야 합니다. **한 국가가 세계를 선도하는 '제조업 르네상스'는 20년 주기로 반복됐습니다.** 제조업 르네상스란 장치산업에서 기술집약 산업으로 전환하는 과정에서 압도적 경쟁력을 확보하는 시기를 의미합니다.

이른바 '장치산업'이란 대규모 자본 투입과 기술 우위 확보가 동시에 요구되는 산업으로, 철강, 정유, 화학, 기계 업종이 대표적입니다. 저부가가치 제조업에서 고부가가치 제조업으로의 전환에 성공한 국가는, 장치산업 경쟁력을 확보하며 산업 패권을 장악해 갔습니다.

수직계열화도 제조업 패권 확보의 결정적 요인이었습니다. 장치산업의 전방산업은 자동차, 조선, IT, 가전이며, 장치산업과 고부가가치 산업 모두에서 수직계열화가 이뤄질 때, 해당 국가는 제조업 강국으로 도약할 수 있었습니다.

한국도 이 패턴을 그대로 답습하며 '제조업의 르네상스'를 맞이했지만, 현재 한국 기업의 경쟁력 훼손과 중국의 기술 추격(China catch-up)도 어쩌면 예견된 위험이었는지 모릅니다.

1990년대 중반 이후 한국은 일본으로부터 철강, 화학, 비철 등의 장치산업과 조선, 자동차, IT산업 경쟁력까지 승계받았습니다. 마찬가지로 일본은 그 이전에 유럽과 미국을 추월

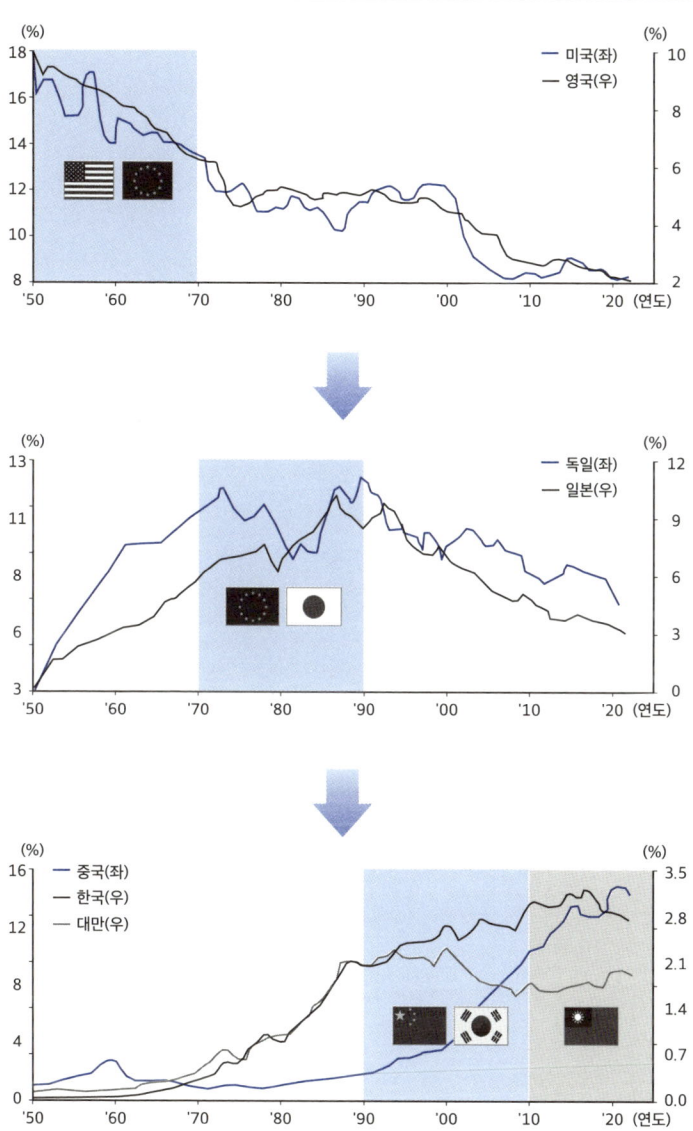

하며 경쟁력을 확보한 바 있습니다. 그리고 지금, 한국은 범용산업과 첨단산업 모두에서 중국의 추격에 밀려 점유율을 내어주고 있습니다. 그리고 미래에는 중국도 인도, 베트남, 인도네시아 같은 신흥국에게 현재의 지위를 넘겨줄 가능성이 높습니다.

이처럼 제조업 패권은 20년 주기로 이동해 왔고 이는 거스를 수 없는 제조업 권력 이동의 시대적 흐름입니다.

그런데 중요한 차이가 있습니다. 범용산업 경쟁력을 상실한 미국, 유럽, 일본은 한국처럼 치명적인 충격을 겪지 않았습니다. 왜일까요? 이들은 기축통화국으로서 제조업 공백을 자국의 재정 정책과 강력한 내수 육성을 통해 충당할 수 있었기 때문입니다. 따라서 한국이 이들 국가를 단순 벤치마크해 기업 경영전략을 수립하거나 정부 정책을 설계하면 돌이킬 수 없는 실기를 범할 수 있습니다.

그런 의미에서 일본의 **'잃어버린 30년'**은 보다 특별한 의미를 가질 수 있습니다. 일본의 장기불황은 '반면교사'의 경고가 아니라, 작금의 한국에 '정면교사'의 교훈이 될 수 있기 때문입니다.

정면교사의 대상, 일본의 잃어버린 30년

일본의 잃어버린 30년 동안의 불황은 한국 사회에서 정서적 우월감을 높이는 레토릭으로 소비되어 왔습니다. 일본 경제의 몰락과 한국의 추격은 민족적, 역사적 배경에서 남다른 함의를 가지기 때문입니다.

하지만 이념적이고 대립적 시각을 넘어 냉철한 시각으로 일본의 과거를 살펴야 합니다. 일본 경제와 제조업의 구조 전환에서 나타난 성공과 실패는, 지금의 한국 경제에 있어 단순한 반면교사가 아닌, 정면에서 마주해야 할 현실의 거울이 됩니다.

1970~1980년대 호황을 구가하던 일본은 세계 2위 경제대국으로 부상했습니다. 세계 첨단산업의 30~50%를 점유했고, 중산층 인구 비중은 90%에 육박했습니다. 일시적이나마 미국의 패권까지 위협하는 국가로 부상했습니다.

일본 제조업 최고의 호황에서 미국의 압력이 시작되었습니다. 1985년 플라자합의를 통해 일본의 성장 모델은 흔들리기 시작했고, 반도체 중심의 첨단산업 규제는 산업 생태계 모두를 멈추게 했습니다. 여기에 반복된 일본 정부의 정책 실패는 일본을 30년에 걸친 장기 침체로 이끌었습니다.

일본의 장기 불황은 크게 네 단계로 나눌 수 있습니다.

> 1단계: 1985~1997년, 플라자합의 이후의 버블경제
> 2단계: 1997~2012년, 버블 붕괴와 연쇄적 기업 파산
> 3단계: 1997~2012년, 저성장, 저물가, 경기 불황 장기화
> 4단계: 2012년 이후, 아베노믹스 구조 개혁 시작

한국 경제가 주목해야 할 반면교사는 일본 정부의 정책 실기와 기업의 방만한 경영 실패가 이어졌던 1~2단계입니다.

플라자합의 이후 일본 정부는 급격한 엔화 절상에 대응해 무차별적 경기 부양을 선택했고, 기업들은 가격 경쟁력을 잃은 상태에서도 생산능력을 확장했습니다. 적자 기업의 파산은 유동성으로 면할 수 있었지만, 경쟁력을 잃은 기업이 시장에서 퇴출되지 못한 채 부실만 축적된 셈입니다.

아베노믹스의 '세 가지 화살'은 총수요 자극과 동시에 구조 개혁과 부실기업 정리에 착수했습니다. 이 점에서 단순한 경기 부양만 반복하던 과거와는 결정적인 차이를 보였고, 일본 경제는 마침내 장기 불황을 벗어날 회복의 실마리를 찾게 됩니다.

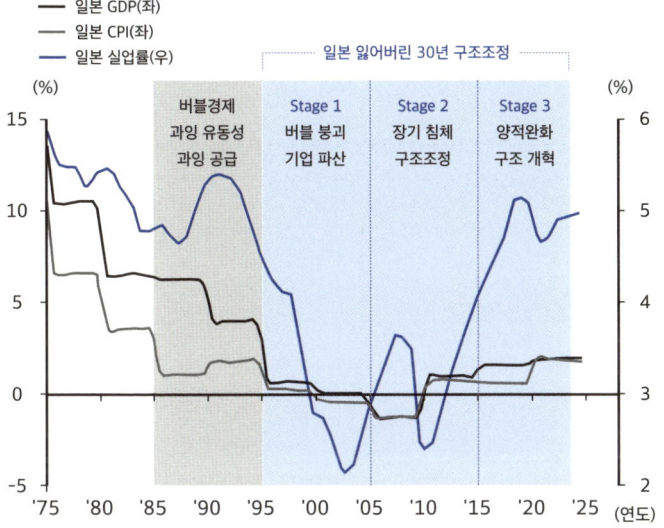

출처: Bloomberg, LSEG

 이뿐 아니라 미국 주도 공급망 구축에서 정부 주도의 선제적 대응과 AI 주도의 첨단산업 밸류체인 전반에서 국제적 영향력 확대도 큰 시사점을 갖습니다. 한국 신정부의 재정 확대와 첨단산업 육성 정책은, 구조 개혁 및 기업 구조조정과 유기적으로 연결되어야 하고, 기업은 정부의 총수요 자극 정책에서 산업 고도화와 경쟁력 약화 사업 부분에 과감한 정리가 필요합니다.
 작금의 한국 경제의 현실과 1990년대 일본과의 기시감이 놀랍습니다. 한국은 일본과 20~30년의 시차를 두고, 고령화,

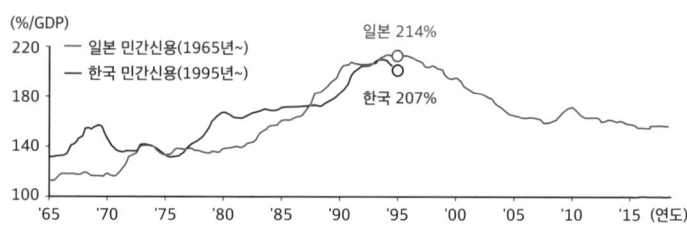

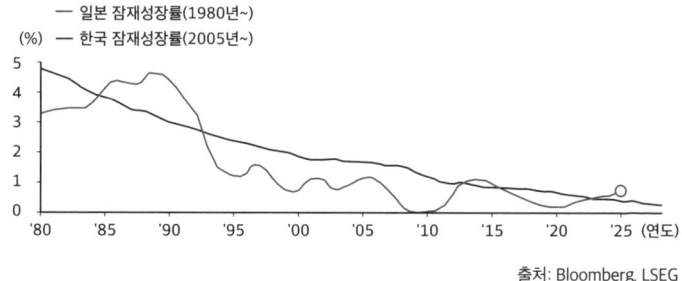

출처: Bloomberg, LSEG

부채 팽창, 성장 둔화, 산업 경쟁력 약화까지 정확히 그 경로를 따라가고 있습니다.

현재 한국의 잠재 성장률은 1%대로 추락했고, 2025년 고령화율은 20%를 돌파하며 일본의 2005년과 동일한 시점에 초고령사회로 진입했습니다. 민간부채(기업+가계부채) 역시 GDP 대비 207%로, 일본의 외환위기 직전 최대치 214%와 유사한 수준에 있습니다. 부채 주도 성장 모델의 한계는 이미 도래한 것입니다.

제조업 경쟁력 위축과 부실 확대 위험에도 주목해야 합니다.

한 국가의 제조업 성장 주기는 '생산 능력'과 '가동률'을 통해 확인할 수 있습니다. 제조업 생산 능력은 동행지표이고, 가동률은 선행지표로 해석됩니다. 현재 한국의 제조업 가동률은 2008년 미국발 금융위기 당시의 충격보다 낮은 수준이나 한계기업 구조조정은 진척되지 못한 채, 생산능력은 증가세를 유지하고 구조조정은 지체되고 있습니다.

여기서 우리는 과거의 일본과 마주하게 됩니다. 1985년 플라자합의 이후 2년 동안 엔달러 환율은 240엔에서 120엔으로 절상되었고, 10% 남짓의 영업 이익률로 버텨오던 범용산업의 수출 경쟁력은 급격하게 위축됩니다.

당시 상식을 넘어서는 일들이 일본 경제에 나타나기 시작합니다. 기업 부실 확대에도 불구하고 넘쳐났던 유동성으로 기업 파산 건수는 역사적으로 가장 낮은 수준을 유지했습니다. 과잉 유동성은 부실기업을 생존하게 했고, 자산가격 버블이 실물 경제를 지탱했습니다.

하지만 하늘까지 자라는 나무는 없습니다. 경쟁력을 잃은 산업이 구조조정을 지체하면 지체할수록, 부실은 눈덩이처럼 커져갈 수밖에 없습니다.

파티는 길지 않았습니다. 결국 1997년 아시아 외환위기 이후 일본의 자산 버블도 붕괴됐으며, 경쟁력을 상실한 공급 과잉 기업의 연쇄적 파산이 진행됐습니다. 경제 성장률은 마이너스 성장으로 전환되었으며, 기업 부실채권비율은 15%, 실업률은 6% 이상까지 치솟았습니다.

세계를 뒤덮었던 일본의 제조업은 역사의 뒤안길로 밀려났고, 니케이 주가지수와 도쿄 부동산 가격은 70~80%까지 폭락하며 버블 경제는 막을 내렸습니다.

일본의 몰락이 한국에 남기는 시사점

일본은 왜 이토록 부실을 방치하고, 경제 개혁과 구조조정 모두를 미뤄왔던 것일까요? 이는 정부 주도의 재정 확대와 기업 주도 사업 포트폴리오 재편을 계획하는 한국에 중대한 시사점을 제공합니다

일본 기업의 구조 재편은 대외 위험과 경쟁력 훼손에 직면하며 크게 두 번의 유동성 팽창기(1985~1995년, 2014~2023년)를 거쳐 진행됐습니다. 하지만 이 두 시기는 극명한 차이점을 보입니다.

첫 번째 유동성 팽창은 플라자합의 이후였습니다. 강압적으로 진행된 환율 절상은 가격 경쟁력 위축과 수출에 큰 타격을 미쳤죠. 정책 입안자 입장에서는 조각난 대외 수요를 완충하기 위한 내수 부양이 필연적 선택입니다.

다만 경제 구도 전환을 위해 진행된 유동성 팽창에는 반드시 구조 개혁과 고부가가치 산업 중심의 경쟁력 유지가 병행되어야 합니다. 이런 과정이 결여된 채 유동성만 공급하면 자산가격 버블만 조성될 뿐 민간은 부실을 누적할 수밖에 없습니다.

반면 아베노믹스로 대변되는 두 번째 유동성 팽창은 '세 가지 화살' 전략 아래 총수요 자극과 함께 정부 주도의 구조 개혁과 기업 주도의 사업 구도 재편이 동시에 추진되었기에 장기 불황에서 탈출할 수 있었습니다. 실제로 아베노믹스 이후 일본의 산업 경쟁력은 상당 부분 복원되었고, 니케이 지수의 장기 강세장은 현재까지 이어오고 있습니다.

우리가 마주한 현실은 일본의 첫 번째 실패를 반복할 것인지, 두 번째 성공으로 이어갈 것인지의 갈림길에 서 있습니다.

일본 기업 구조조정의 이면, 케이레츠의 함정

일본 제조업의 경쟁력 위축과 부실 확대의 이면에는 일본 특유의 기업지배구조와 대외적 변화에 선제적으로 대응하지 못한 경영 실패가 자리하고 있었습니다.

일본 기업지배구조의 핵심은 '케이레츠(系列, Keiretsu)[6]'라는 독특한 기업 집단 체계입니다. 케이레츠란 제조업, 금융, 유통, 상사, 부동산 계열사들이 상호 출자와 인력·자산·수주 교류를 통해 유기적인 협력 구조를 이루는 방식입니다. 이 구조는 한국이나 서구권의 수직적 지배구조와는 확연히 다른, 수평적이고 상호 의존적인 기업 연합체의 성격을 가집니다.

장점은 분명했습니다. 케이레츠는 적대적 인수합병으로부터 그룹 전체를 보호했고, 계열사 간의 유대감을 통해 위기 시 상호 지원이 가능한 안정적 구조로 작동했습니다. 고도 성장기에는 이 같은 구조가 시너지 효과를 극대화하며, 일본의 경제 도약을 이끈 기반이 되었습니다.

문제는 그룹 전체의 지배력이 상업은행에 집중되는 비대칭적 구도로 변화되면서 시작됩니다. 계열사 간 주식지분은 상호출자 구조를 갖추고 있지만, 은행은 그룹 내 계열사들에게 대출을 제공하며 채무관계로 종속되고 있었습니다. 특히 1980년대 중반 이후 기업 경영난과 자금 수요가 확대되며, 그룹 내 은행의 지배력은 절대적인 위치로 올라섰습니다.

은행 임직원이 계열사 경영진으로 대체됐고, 위기 대응 능

---

[6] 케이레츠(Keiretsu): 일본 대기업들의 지분 교차 소유 및 계열사 간 수직계열화 구조를 의미한다. 전후 일본 산업 경쟁력의 원천이지만 1990년대 구조조정 실패의 배경으로 지적되기도 했다.

력과 전문성은 약화됐습니다. 특히 한계기업 퇴출은 곧 은행 입장에서 대출 부실을 확정 짓는 위험이 되므로, 원금 상환이 어려운 좀비기업에게도 대출이 이어지는 도덕적 해이가 팽배해졌습니다.

결국 일본의 구조조정은 누적된 부실이 연쇄적인 기업 파산으로 확산된 이후에야 본격화되었고, 한계기업은 강압적으로 퇴출되며(기업 파산) 산업 구조 전환이 강제되는 방식으로 진행됐습니다.

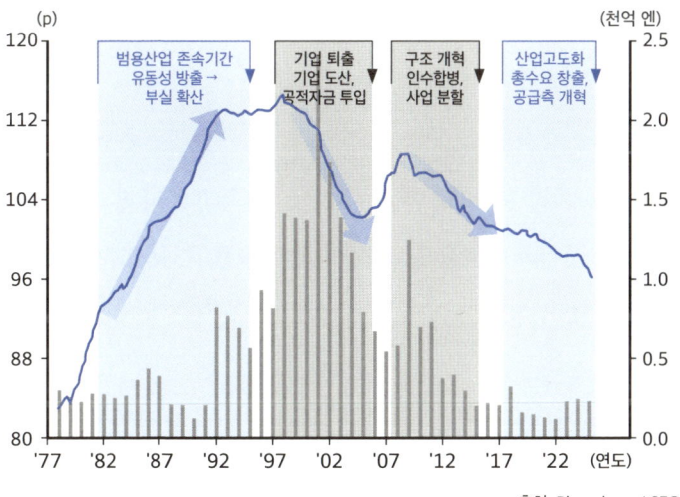

출처: Bloomberg, LSEG

케이레츠는 고도 성장기에 계열사간 유기적 성장과 안정된 자금조달의 배경이었지만, 버블 붕괴 이후에는 부실을 은폐하고 사업 전환을 지연시키는 족쇄로 작용하게 됩니다.

한국은 이 구조적 모순을 면밀히 관찰하며 제도 개혁이 진행됐습니다. IMF 위기 이후, 산업자본이 금융기관을 지배하지 못하도록 금산분리법이 도입된 배경이 바로 여기 있습니다. 일본의 케이레츠는 한국 정부와 주요 그룹사에 경영실패의 거울이 되었던 셈입니다.

기업 부실이 한계치를 넘어서자, 일본 정부는 마침내 칼을 빼 들었습니다. 공적자금 투입을 전제로 금융재생법을 제정하고, 케이레츠를 향해 강력한 규제와 구조조정을 요구합니다. 은행 건전성 기준을 대폭 상향해 좀비기업에 대출을 중단하도록 압박했고, 이는 곧 그룹 전체 사업 포트폴리오에 직접적 개입 효과를 만들어 냅니다.

정부의 강력한 요구와 시장의 압력 속에서 케이레츠 계열 기업들은 생존을 위한 뼈를 깎는 구조조정에 나설 수밖에 없었습니다. 한계기업들은 과감히 통폐합됐고, 과거의 사업 모델에서 벗어나 고부가가치 산업으로 주력 사업을 전환하는 등 강도 높은 구조조정이 진행됐습니다.

이 강도 높은 구조조정은 결국 일본 산업의 체질을 개선했고 미쓰비시UFJ은행(MUFG), 미쓰이스토모은행(SMBC), 미즈

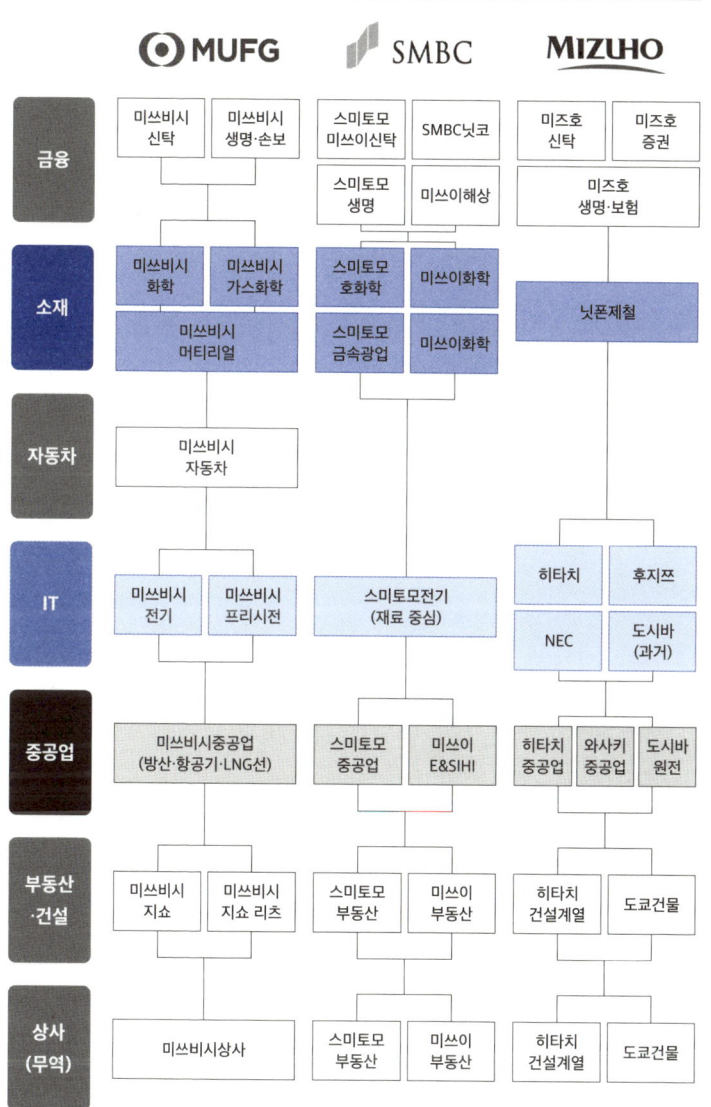

일본의 과잉 설비, 과잉 경쟁의 범용사업은 통폐합됐고, 첨단산업 중심 출처: 신한투자증권
으로 사업 포트폴리오가 재편됨. 이는 일본과 유사한 사업 구도를 가진
한국에 시사하는 바가 크다.

호은행(MIZUHO)으로 대표되는 3대 메가뱅크 중심의 산업금융 체계가 재편되었습니다. 재무 건전성은 회복되었고, 경쟁력을 갖춘 사업 중심으로 기업 구조가 변화된 것입니다.

일본의 기업 구조조정 여정은 한국 기업에게도 분명한 메시지를 던집니다. **경쟁력을 상실한 범용산업의 과감한 퇴출과 통폐합, 고부가가치 산업 중심으로 재편해야 한다는 단순하지만 강력한 원칙**입니다. 그 과정은 정부 주도의 정책 방향성 확립과 시장의 압력, 기업의 자발적 전환 노력의 세 가지 의지가 동시에 작동할 때만 성공할 수 있다는 사실입니다.

이 같은 교훈이 대기업 그룹사 중심의 한국 산업 구조에 어떤 시사점을 남기는지 더 깊이 들여다보겠습니다.

한국 10대 그룹, 포트폴리오 재편이 필요하다

한국 기업이 직면한 위험에도 불구하고, '한국의 미래는 결국 기업에 달려 있다'고 강조하는 이유는 희망의 불씨를 키워갈 기업 구조 전환의 마지막 골든타임이 존재하기 때문입니다. 한국 10대 그룹을 중심으로 한국 기업 위기의 본질과 이를 해소할 구조 전환 방법론을 구체적으로 짚어보겠습니다.

먼저 국내 10대 그룹사의 경영 성과를 냉정히 평가해 보겠

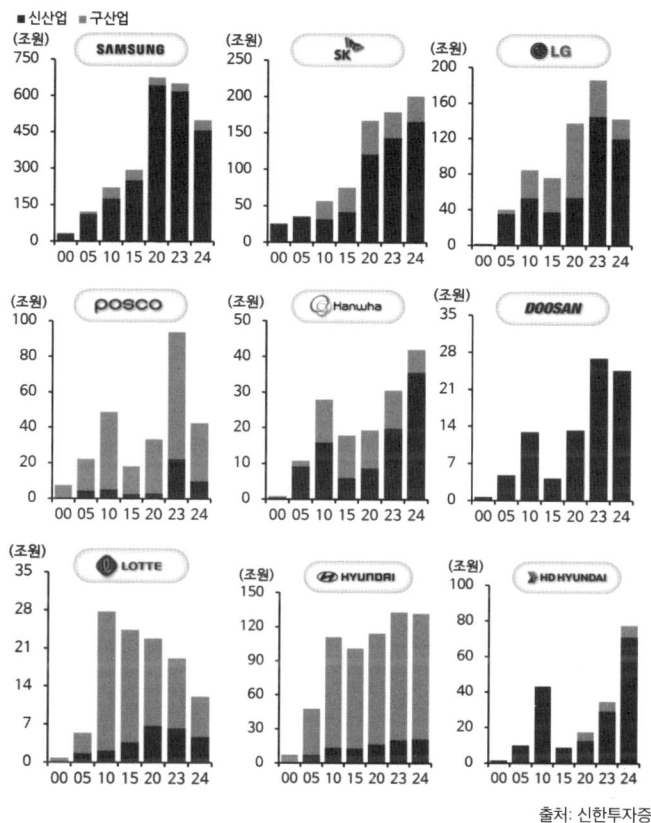

출처: 신한투자증권

습니다. 위의 그림은 한국 10대 그룹의 지난 25년간의 시가총액 변화를 표현한 것입니다. 여기서 확인할 수 있는 몇 가지 흥미로운 특징들에 주목해야 합니다.

먼저 한국 10대 그룹 중 2024년 시가총액이 증가한 곳은 SK, HD현대, 한화 단 3개 그룹에 불과합니다. 주력 산업 경쟁력과 업황 변화 등 다양한 이유가 존재하겠지만 이는 사업 포트폴리오 전략의 성패에서 비롯된 결과입니다.

10대 그룹의 시가총액을 구경제(Old Economy)와 신경제(New Economy)로 구분해 분석해 보았습니다. 구경제는 선대 경영자가 물려준 전통적 장치산업을 뜻하며, 신경제는 지난 10년간 기업 승계 과정에서 새로운 오너가 개척한 신사업 분야를 의미합니다. 반도체 파운드리, 2차전지, 그린에너지, 바이오, 국방, 조선(고부가가치선) 등이 대표적인 신경제입니다. 이러한 접근을 통해 국내 그룹사의 경영 전략의 성공과 실패를 명확히 확인할 수 있습니다.

한국 10대 그룹사 시가총액은 2020년 크게 레벨업되었습니다. 팬데믹을 거치며 전 세계적인 상품 수요 확대와 공급 부족 현상이 맞물리며, 구경제, 장치산업 중심의 강력한 업황 회복이 전개됐습니다. 지난 수 년간 수요 위축과 공급 과잉 우려에 시름했던 철강, 화학, 정유 등의 마진율은 과거 중국의 4조 위안 부양책을 집행했을 시기와 유사한 수준까지 회복됐습니다.

신경제 부문에서도 괄목할 성장세가 확인됐습니다. 적자를 이어오던 2차전지, 태양광, 바이오 사업 부문이 흑자로 전환되었고, 반도체 공급 부족 심화는 파운드리 사업부의 성장까지 견인했습니다. '태조이방원(태양광, 조선, 2차전지, 방산. 원자력)'이라는 신조어까지 등장하며 시장의 기대는 높아져 갔습니다.

주가 상승의 메커니즘은 명확합니다. 주가는 기업이익(EPS)과 밸류에이션(P/E)의 함수입니다. 구경제 사업 부문의 업황 개선은 EPS 증가를 주도했고, 신경제 미래 성장 기대는 밸류에이션(P/E) 할증을 이끌었습니다.

하지만 경영 전략의 실기는 성공의 그림자에서 시작되었습니다. 범용산업 중심의 장치산업 구조조정과 첨단산업을 통한 안정된 현금흐름 창출, 미래성장 동력까지 확보할 수 있는 최적의 골든타임을 놓치고 만 것입니다.

결과는 양날의 검이었습니다. 범용산업에 대한 과도한 투자는 공급 과잉을 심화시켰고, 신경제 부문의 무분별한 확장은 적자 경영으로 다시 전환됐습니다. 결국, 그룹 전체의 현금흐름에 심각한 위기를 초래했습니다. 재무제표는 이를 적나라하게 보여줍니다.

손익계산서와 현금흐름표를 통해 10대 그룹의 위기는 여실히 확인됩니다. 영업이익 확대로 현금흐름이 개선됐던 2022년까지는 재무활동을 통한 대규모 자금 조달과 투자 활동이 이어졌지만, 이후 3년간 기업이익과 영업활동 현금흐름은 연속 축소되거나 적자로 전환되었습니다.

결과는 참담합니다. 남은 것은 누적된 부채 부담뿐이고, 금리 상승에 따른 이자 비용 부담은 과거 경험한 적 없는 수준으로 치솟았습니다. 2024년 기준, 상장사 중 6개 산업, 20%

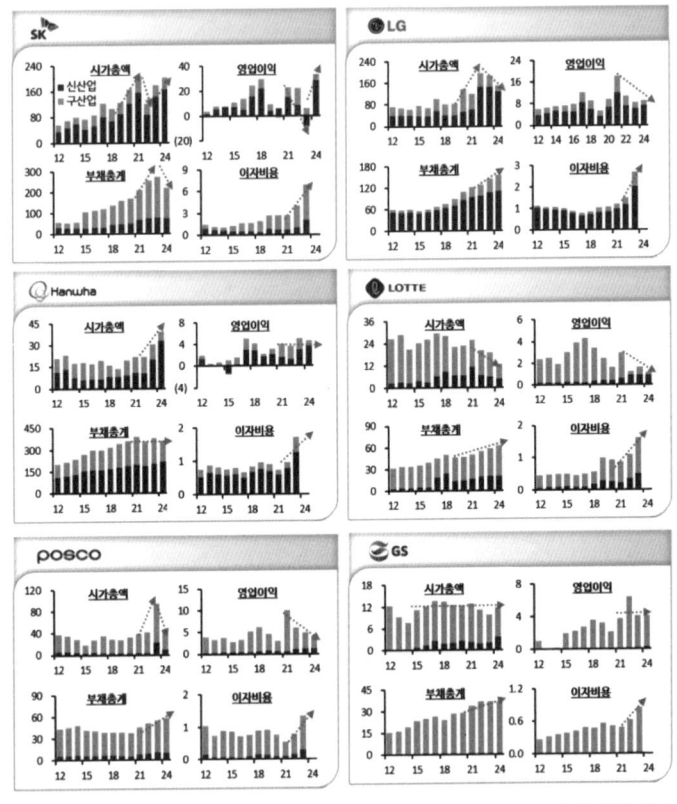

출처: 신한투자증권

이상의 기업이 영업이익으로 이자비용조차 감당하지 못하는 한계기업 범주에 포함됐습니다.

더 큰 문제는 과거가 아니라 미래입니다. 구경제 부문의 공급 과잉 해소에 대한 실마리를 찾지 못해, 장기 적자 구조가 고착화되고 있다는 점입니다. 이는 공장을 가동하면 할수록 적자가 누적되는 구도입니다. 한계 사업부문을 매각하고 싶어도 매수자가 부재하고, 강압적인 퇴출도 제도적 제약에 가로막힙니다. 신경제 부문 또한 낙관적인 미래 성장 기대에도 향후 수년간의 적자 경영이 불가피하고, 추가 투자까지 이어가야 한다는 비용 부담이 존재합니다.

한국 기업에 바치는 두 가지 제언

한국 경제가 대면한 구조적 위험에 한국 기업의 대응은 과거 일본 제조업 몰락과는 차별화된 경로를 밟아가고 있습니다. 대기업을 중심으로 강도 높은 사업 포트폴리오 재편과 구조조정이 진행 중이며, 미국 주도의 글로벌 공급망 재편과 AI가 주도하는 산업 생태계 변화에 선제적으로 대응하려는 노력도 시작됐습니다.

신정부의 대규모 재정 확장 기조 속에 AI, 신재생에너지 중심 산업 인프라 구축이라는 정책적 기회를 맞이했습니다. 미·중 분쟁은 피해갈 수 없는 위험이나 미국이 중국 공급망을 억압하는 반사적 수혜에도 주목해야 합니다. 미국 주도 공급망에 빠르게 우리의 영향력을 확대해야 합니다.

최적의 골든타임은 이미 지나갔을지라도, 마지막 골든타임까지 놓칠 수는 없습니다. 다소 주제넘은 제언일 수 있으나, 국내 기업의 성공을 염원하는 애널리스트의 시각을 담아 몇 가지 조언을 드리고자 합니다.

☑ **첫째, 안정적 현금흐름 확보가 기업 경영의 최우선 과제가 되어야 합니다**

지금 한국 기업은 현금 고갈이라는 적신호 앞에 서 있습니다. 국내 회사채 발행 기업 기준, 현금성 자산 총액은 116조 원 규모로 2021년 143조 원 대비 30조 원 가까이 급감했고, 단기 차입금 대비 현금성 자산 비중은 75%에 그칩니다. 현재 보유한 현금으로 1년 내 만기가 도래하는 유동부채의 75%밖에 충당할 수 없다는 의미입니다. 회사채 발행이 불가능한 중소기업 경영환경은 더욱 심각합니다.

이는 단순히 영업이익 부진 때문만이 아닙니다. 기업 대출, 회사채, 주식 발행 등 모든 자금 조달 경로에서 차입 여건이 악화되며 복합적 부담이 작용하고 있습니다. 여기에 상법 개정안 통과, 지배구조 개편, 주주환원 정책도 기업의 자금 조달과 재무환경을 제약하는 요인으로 작용합니다.

하지만 기회의 창도 열리고 있습니다. 신정부의 확장적 재정 기조와 한국은행의 통화 정책 완화 가능성은 기업 현금흐름 확보에 유리한 환경을 조성할 수 있습니다. 오랫동안 긴축 기조를 유지해 온 정부 재정의 방향 전환은 그 자체로 중요한 신호입니다.

신정부 재정 정책은 예상을 넘어서는 규모였습니다. 1차 13.8조 원, 2차 31.8조 원이 확정됐습니다. 2025년 정부지출 673.3조 원에 추경을 더하면 재정지출 총 규모는 700조 원을 상회합니다. 정부지출의 특성상 늘어난 재정이 축소되기 어렵다는 점에서, 2026년 이후에도 700조 원 이상의 지출이 유지될 가능성이 높습니다.

재원 마련을 위한 국채 발행 확대는 불가피하며, 한국은행의 기준금리 인하나 국채 매입 등 '한국판 양적완화'가 시작될 전망입니다.

회사채 수급 여건도 긍정적입니다. 2025년 상반기 공모 회사채 수요 예측에는 무려 168조 원의 자금이 몰리며 역대 최대를 기록했습니다. 이는 금리 인하 기대와 함께, 개인·퇴직연금·은행 자금이 동시 유입된 결과입니다. 물론 우량채와 비우량채 간의 양극화는 여전하지만, 우량 회사채 수요는 내년까지 강세 흐름을 이어갈 가능성이 높습니다.

결론은 분명합니다. 정부의 재정 정책, 회사채 시장의 온기를 감안하더라도, 기업에게 2025~2026년은 '현금 확보'를 위한 최적의 시기가 될 수 있습니다. 회사채 발행, 기업 매각, IPO 등 다양한 방식으로 사업 포트폴리오 재편을 위한 시드

머니를 구축하는 경영 전략이 필요합니다

☑ 둘째, 사업 포트폴리오의 재정비가 시급합니다

국내 기업의 사업 포트폴리오 고도화는 더 이상 미뤄둘 수 없는 과제입니다. 한국 장치산업의 통폐합과 고도화가 시급하며, 주력 사업의 기술 경쟁 우위 확보도 동반되어야 합니다.

범용산업의 경쟁력 훼손이 가속화되고 있습니다. 석유화학, 정유, 철강, 비철금속 등 범용산업의 경쟁력은 이미 중국, 아세안, 중동으로 이동했습니다. 특히, 중국이 야기한 공급 과잉은 한국 기업의 생존에 있어 최대의 위협입니다. 올해보다 내년, 내년보다 그 다음 해의 공급 과잉과 업황 부진이 더욱 심화될 가능성이 높습니다.

대표적 공급 과잉 산업인 석유화학 사례를 통해 엄중한 현실을 직시해 보겠습니다. 문제의 시작은 수요가 아닌 공급에 있습니다. 중국 석유화학 산업의 공급과잉은 영업적자 누적에도 정부의 2027년 탄소피크(환경규제 목표) 정책 기조 아래 대규모 생산설비 확충을 지속하고 있습니다.

공급 주체의 다변화도 위험 요인입니다. 중동은 새로운 공급 주체로 부상하고 있으며, 미국산 원유 공급 확대에 따라 OPEC 구성국들은 원유 채굴에서 가공(석유화학·정유)으로 사업 영역을 확장하고 있습니다.

'산업의 쌀'로 불리는 에틸렌은 플라스틱과 섬유, 고무 등의 기초 원료이며 한국 석유화학의 근간이기도 합니다. 2026~2028년 사이 중국·중동·미국을 중심으로 대규모 에틸렌 설비 증설이 예정되어 있습니다. 손익분기점 분석은 현실을 여실히 드러냅니다. 2025년 7월 기준 국제 에틸렌 가격에서 원가를 차감한 금액은 약 210달러로, 한국의 손익분기점인 300~250달러를 한참 밑돌고 있습니다. 이는 한국 기업이 공장을 가동할수록 적자가 누적되는 구조입니다. 국내 석유화학 산업의 적자 규모는 지속해서 확대되었으며 2024년, 1조 원까지 상회했을 것으로 추정됩니다.

반면, 중국·중동의 설비 손익분기점은 150~250달러 수준에 불과합니다. 원료비를 감안하면 생산 비용 격차는 앞으로도 더 벌어질 수밖에 없습니다. 철강과 비철금속 역시 고부가가치 제품 차별화가 어려운 탓에, 중국발 공급 충격에 더 취약한 상황입니다.

결국 유일한 대안은 구조적 전환입니다. 이는 범용 설비를 통합하고, 고부가가치 및 스페셜티(특수제품) 중심으로 포트폴리오를 전환하는 것을 의미합니다. 장치산업의 경쟁력은 20년 이상 지속되기 어렵습니다. 일본이 미국과 유럽의 장치산업을 물려받았고, 그 후 한국이 일본을 넘어섰던 것처럼, 이제 한국은 중국·인도·중동 등 신흥국에 경쟁력을 넘겨줄 시점에 와 있습니다. 이 흐름을 거스를 수는 없습니다.

그러나 희망은 존재합니다. 일본이 경쟁력을 한국에 넘긴 이후에도, 일본 상장사 기준으로 석유화학, 철강, 금속 등의 소재 산업 영업이익과 시가총액은 지난 20년간 4~6배 성장했습니다. 이는 한국 기업에게 구조 전환의 필요성과 가능성 모두를 시사하는 중요한 사례입니다.

잘할 수 있는 비즈니스를 포기해야 하는 이유

구조조정은 크게 세 가지 방향으로 진행됩니다. 첫째, 경쟁력을 상실한 장치산업의 과감한 퇴출과 통폐합, 둘째, 범용 중심에서 고도화 사업 부분으로 압축하고 해외 거점으로 생산 설비 이동, 셋째, 해외 기업 인수합병을 통해 기술 경쟁력 확보 속도를 높이는 방법입니다.

일본의 사례는 큰 참고가 됩니다. 20개 이상의 난립했던 석유화학·정유 기업은 2~3개로 통폐합됐고, 철강 산업은 신일본제철 하나로 통합되어 경쟁력 확보와 해외 진출 및 고부가가치로의 전환에 성공할 수 있었습니다.

우리는 선택의 기로에 서 있습니다. 일본의 선례처럼 기업 부실 확대가 야기한 대규모 기업 도산과 정부 주도의 강압적 통폐합으로 귀결될 것인지, 아니면 선제적 구조조정을 단행할 것인지의 선택입니다. 한국 기업은 아직 더디지만, 후자의 방향으로 나아가고 있습니다.

물론 쉬운 길은 아닙니다. 한계기업의 퇴출은 고용 유발 계수가 높은 장치산업 특성상 지방정부의 정치·사회적 부담이 되고, 적자기업의 매수 주체 부족은 구조조정을 가로막는 현실적 제약입니다. 특히, 경직된 한국의 노동시장은 이런 변화에 대한 유연성을 확보하기 어렵게 만듭니다.

결국 한국 기업의 사업 포트폴리오 리밸런싱은 '**과거 경험에서 잘할 수 있는 비즈니스를 포기하고, 해보지 않았지만, 그럼에도 해야만 하는 비즈니스를 선택**'하는 과정이어야 합니다.

한국 기업의 옥과 석, 명과 암이 갈리고 있다

구체적 실행 방안을 제시해 보겠습니다. 사업 포트폴리오 전환의 첫 단계는 적자기업 인수합병과 정부 주도의 통폐합을 기다리는 과정이 아닙니다.

매각 가능한 흑자기업, EBITDA[7]가 살아 있는 기업 매각이

---

[7] EBITDA: 영업이익에서 이자, 세금, 감가상각비를 제외한 수익으로 기업의 경영 활동에서 실질적 현금 창출 능력을 나타내는 중요한 지표.

우선되어야 합니다. 이후 과잉설비의 통폐합 혹은 인수 주체를 물색하는 과정이 필요합니다. 이 과정이 현금흐름을 개선하는 출발점이며, 확보된 자금은 고부가가치 사업 전환과 신산업 투자로 이어져야 합니다.

희망적인 변화도 확인되고 있습니다. 사업구조 재편을 위해서는 그룹사 내 확실한 현금흐름을 창출하는 계열사가 필요한데 SK, 한화, LG 그룹은 선제적 사업 포트폴리오 변화를 진행해 가시적인 성과를 입증하고 있습니다.

반도체, 방산, 전기전자 부문의 영업흑자를 바탕으로 매각 가능 기업을 통해 사업 포트폴리오를 압축하고 신산업투자(R&D, M&A)를 위한 현금흐름을 확보하고 있음이 확인됩니다. 세계적 경쟁력을 입증했던 석유화학, 디스플레이, 스마트폰, 유통 사업부 매각 혹은 철수는 결코 쉽지 않은 과정이었을 것입니다.

고부가가치 산업으로의 구조 전환에 성공한 기업은 향후 에너지·전력망 패러다임 전환, AI 기반 모빌리티·통신 생태계 재편의 직접적 수혜를 누릴 수 있습니다. 현재 산업혁명을 주도하고 있는 AI 생태계는 초기 인프라 구축을 지나 하드웨어 디바이스 교체 주기에 도래했습니다. 신재생에너지·전력망·반도체·모빌리티·통신기기 산업 중심의 고부가가치 중간재 수요는 본격적인 성장기에 진입했고, 이는 한국 기업에게 큰 기회를 제공할 수 있습니다.

과거 일본의 소재기업은 기업 파산 이후 통폐합을 겪었지만 이후 2010년 중국 정부투자가 주도한 부양책으로 순환적 기회를 확보했습니다. 확보된 자금을 통해 반도체, 2차전지, 제약, 신재생에너지 등의 고부가가치 중간재로 전환은 사업 포트폴리오 고도화를 완성하는 밑거름이 되었습니다.

한국의 조선업 역시 훌륭한 벤치마크 대상입니다. 2012년 시작된 위기의 본질은 수요 위축과 공급 과잉, 그리고 무리한 외형 확장과 저가 수주 경쟁이었습니다. 여기에 분식회계 등 도덕적 해이까지 더해져, 10년 이상 영업이익으로 이자 비용조차 감당하지 못하는 절망의 시간이 이어졌습니다.

이후 한계기업의 퇴출과 인수합병, LNG 선박을 중심으로 한 고부가가치 중심 전략, 재무건전성 회복을 통해 수주 사이클 시기에 독점적 수혜를 거머쥐었습니다. 현재 조선업 점유율은 중국 58% 대비 절반에 불과한 23%에 불과하지만, 질적 경쟁에서 우위를 확보하는 고부가가치 전략으로 최대 수주 실적을 달성했고 주식시장에서도 역사적 신고가를 경신 중에 있습니다.

대기업 구조조정은 이제 막 시작됐을 뿐입니다. 한국 대형 그룹사 구조조정 진척의 성과는 아직 미비합니다. 재무 위험에 노출된 기업에는 매수자가 부재하고, EBITDA가 양호한 기업에도 매수자와 매도자 간의 밸류에이션 가격 차이가 좁혀지지 못합니다.

이는 조달 금리 상승 부담과 정책적 지지가 부족했기 때문입니다. 상법 개정 이후 지배구조 재편 과정에서의 인수합병 필요성은 증대되고 부실기업 재무건전성 요구까지 높아질 전망입니다. 안도할 시간이 없습니다.

최근 두각을 나타내는 기업은 SK그룹입니다. 2023년 사업 구조 재편의 리밸런싱 정책 시행 이후 공정위 기준 219개에 달했던 계열사 중 비핵심자산 매각과 주도산업 집중 정책이 빠른 속도로 추진 중입니다. 2024년 한국 10대 인수합병에 SK 계열사가 4개를 차지했습니다. 2025년에도 메가급 빅딜이 이어질 것으로 예상됩니다.

공급 과잉 산업의 구조조정은 하늘과 땅이 모두 도와야 성공한다고 할 만큼 쉽지 않은 과정입니다. 다행스러운 일은 최근 석유화학 산업을 시작으로 희망의 퍼즐이 맞춰지고 있다는 것입니다. 정부도 엄중한 위기를 공감하며, 석유화학 산업에 전체 설비의 25%(나프타분해설비 370만 톤 감축)를 축소하라는 강력한 구조조정 메시지를 전달했습니다. 구조조정 시행의 문턱이었던 공정거래위원회의 인수합병 규제 완화와 금융·세제 지원도 기대됩니다. 공급 과잉의 중심에 있던 중국까지도 강도 높은 공급 과잉 해소 정책을 진행하며 기대감을 높이고 있습니다. 저유가 환경의 고착화도 적자 경영을 이어가던 국내 기업에 수익성 개선이라는 측면에서 분명한 호재입니다.

한국과 일본 기업의 차이는 분명합니다. 대·내외 환경에서의 위험은 무게는 유사하나 기업의 위기 인식과 대응책에서 한국이 한 수 위에 있습니다.

한국 기업의 옥과 석, 명과 암은 보다 뚜렷해질 전망입니다. 핵심 부분의 경쟁력을 유지하며 구조 재편에 성공하는 기업과 현재에 머문 기업의 격차는 시간이 갈수록 기업이익과 시가총액 모두에서 더 큰 차이로 나타날 전망입니다.

정부篇:
신정부 구조개혁에 거는 기대

변화된 정부의 역할론

변화된 세계질서는 정부에게 이전보다 더 큰 책임과 더 큰 역할을 요구하고 있습니다.

과거 신자유주의는 '작은 정부와 큰 시장'을 추구했습니다. 정부 개입을 최소화하는 규제 완화와 '보이지 않는 손', 민간 주도의 시장 경쟁이 성장의 배경이었습니다. 그 중심에는 중앙은행의 통화 정책, 이른바 '통화 만능주의[8]'가 있었습니다.

---

8 통화 만능주의: 중앙은행의 금리 및 자산매입 등의 통화 정책이 경제 조절의 최우선 수단이라는 관점이며 당시 정부의 재정 정책은 시장 조율에서 경시되는 것을 말한다.

실제로 1990년대 이후에는 세계무역기구(WTO) 출범과 함께 관세 인하와 감세 정책이 확산되며 정부의 존재감은 더욱 축소됐고, 기업 중심의 생산성 향상이 세계 경제 성장을 이끌었습니다.

하지만 두 차례 벌어진 세계적 위기가 이 패러다임을 근본부터 뒤흔들었습니다. 2008년 발생한 미국발 금융위기에서 전 세계에 신자유주의를 전파한 미국의 한계가 노출되었고, 이는 곧 시장 경제, 통화 만능주의의 한계를 의미했습니다. 여기에 전 세계를 덮친 코로나19는 정부가 주도해 경제와 사회를 봉쇄하고, 경제위기 극복을 위한 적극적 재정 확대(=양적완화)의 경기 부양책을 통해 극복할 수 있었죠.

결과적으로 시장의 자율성은 위축됐고, 정부의 개입은 정당화되었으며, 그 역할은 갈수록 확대되고 있습니다.

지정학적 위험과 기술혁신은 정부의 전략적 개입을 더욱 촉진하고 있습니다. 유럽과 중동에서 발발한 전쟁은 아직 종전의 실마리조차 보이지 않으며, 공급망 재편과 AI 기반 기술 확산 또한 글로벌 차원의 정책 개입을 요구하고 있습니다. 미국의 인플레이션 감축법(IRA), 독일의 '인더스트리 4.0', 일본의 산업재흥 전략은 모두 이런 흐름 속에서 등장한 대표적인 국가 주도 산업 정책이라 할 수 있습니다.

기술혁신 역시 예외는 아닙니다. 정보통신의 혁신은 강한 정부의 절대적 영향력에서 시작되었습니다. 인터넷과 슈퍼컴퓨터, 이동통신(CDMA), 위성(GPS) 등의 원천 기술은 모두 미국 정부에 의해 개발되어 인프라 구축까지 정부 재정지원을 바탕으로 진행되었습니다. AI의 초기 연구와 클라우드 컴퓨팅 기술도 크게 다르지 않습니다.

작은 정부에서 큰 정부의 시대가 도래하며, 한국 정부의 역할론이 그만큼 높아졌다는 시대정신을 강조하고 싶습니다.

이전 정부는 민간주도성장(=시장주의)과 건전재정(=긴축재정)을 국정 운영의 중심 가치로 두었고, 이는 시장의 자율성과 재정 안정이라는 측면에서 상당한 설득력을 가졌습니다. 그러나 한국이 직면한 대·내외 위기와 세계 경제의 구조적 흐름과는 다소 괴리감이 있었던 것도 사실입니다.

다행스럽게도 신정부는 확장적 재정의 필요성을 인정하며, 30조 원 이상의 대규모 추경을 집행했고, 적극적인 산업 육성 방안도 함께 내놓았습니다. 물론 한국은 기축통화국이 아니기에, 재정 확장은 신중함이 요구됩니다. 특히 미국과 중국이 이미 주도권을 잡은 첨단기술 경쟁과 공급망 재편 국면에서, 정책의 속도와 방향성 모두 전략적 균형감각이 필요합니다. 여기서 중요한 것은 의지나 명분보다도, 정책 이행의 완성도일 것입니다.

정부 정책에 대한 언급이 때론 정치적 해석으로 이어질 수 있기에 조심스러운 마음인 것도 사실입니다. 그러나 정치적 유불리에서 비교적 자유로운 애널리스트의 시각에서 신정부가 제시한 정책 아젠다가 담고 있는 구조적 함의를 분석하고, 앞으로 기업과 시장이 어떤 전략으로 대응해야 할지 냉정하게 짚어보려 합니다.

신정부의 다섯 가지 아젠다

이재명 정부의 경제, 금융시장 정책은 '실용적 시장주의'와 '포용적 성장'을 추구합니다. 어느 하나 놓칠 수 없다는 절박한 심정이 담긴 정책 방향은 '혁신을 통한 성장'과 '공정경쟁과 선순환 구도의 분배', '민생경제 안정'의 세 가지 큰 축을 중심으로 완성했습니다.

국정 운영 5개년 계획으로 구체화된 12대 중점 전력 과제를 통해 경제·금융 정책 시행 속도의 우선순위를 나열하면 다음과 같습니다.

① 추경 조기 집행을 통한 민생경제 살리기가 최우선
② 미국과의 무역 협상과 국익 중심의 통상·외교 지형 재편
③ KOSPI 5,000 도달을 위한 상법 개정과 금융시장 활성화
④ AI 3대 강국 진입과 첨단산업 육성으로 성장동력 확보
⑤ 신재생에너지와 국토 균형 발전, 부동산 과열 해소

    민생경제 회복이 최우선 과제이며, 이에 따라 추경 편성 및 관련 예산의 조기 집행이 가장 먼저 추진되고 있습니다. 그 다음 순서는 미국과의 무역 협상이 될 것입니다. 15%의 상호관세 협상(2025년 7월 기준)이 마무리됐고, 한·미 정상회담의 성과도 확인됩니다. 이는 산업 육성 정책과 직접 연계뿐만 아니라 금융시장에 미치는 파급 효과 역시 클 것으로 예상됩니다.

    이처럼 다섯 가지 경제·금융시장 정책은 독립된 아젠다라기보다 상호 유기적으로 연결된 정책 생태계로 이해해야 합니다. 이재명 대통령의 선거캠프부터 시작해 국정 운영 5개년 계획까지의 구상을 살펴보며, 각 아젠다가 어떤 정책적 특성과 실질적 파급력을 가지는지 함께 점검해 보겠습니다.

    먼저 민생경제 회복입니다. 신정부는 민생경제를 최우선 정책 과제로 분명히 규정했습니다. 이재명 대통령은 임기 첫

날 1호 행정명령으로 '비상경제 점검 TF' 가동을 지시했고, 실제로 31.8조 원이라는 예상을 웃도는 추경안이 국회를 통과해 내수 회복의 마중물 역할을 자처했습니다.

다만 추경 효과에 대해서는 신중한 평가가 필요하고, 추경 집행 분야에 대한 의구심도 존재합니다. 대규모 추경 집행이 확정되었지만 경제 성장률 전망치 상향은 0.1~0.2%pt에 그치고, IMF는 7월 수정 경제 전망에 2025년 한국 경제 성장률을 0.8%로 기존 전망치에서 0.2%pt 하향 조정하기도 했습니다.

미국과의 무역 협상이 모든 정책의 출발점입니다. 미국이 한국에 부과한 15%의 관세율은 유럽과 일본과 유사한 수준이라 성공적 협상이라는 평가를 내릴 수 있습니다. 미국과의 협상 이후 본격적 산업 육성 전략과 기업 공급망 재편에 대한 정부 지원이 전개되야 하지만 정부 예산의 한계를 고려할 때, 2026년 이후로 연기될 가능성이 높습니다.

균형 외교의 어려움도 고려됩니다. 국익 중시의 외교 전략을 강조하는 현 정부의 기조는 분명하지만, 한국은 미국에 경제와 안보 모두에서 양국의 실리를 제시해야 합니다. 특히 일본, 유럽과 달리 안보실장이 협상의 중책을 맡았던 지정학적 특성을 감안하면, 미국과의 협력 확대가 중국·러시아·북한과의 외교적 긴장을 고조시키지 않는 균형감각도 필요합니다.

이번 장의 범위는 신정부 정책 모두를 다루기보다 추경 이후의 경기 회복 효과, 산업 육성 전략, 부동산 규제, 주식시장 활성화 흐름을 중심으로 그 특성과 영향을 점검하는 데 중점을 두겠습니다.

정부지출 700조, 경기 회복의 마중물이 되어줄까?

신정부 추경 규모는 당초 정부안 30.5조 원에 1.3조 원이 더해진 31.8조 원으로 국회를 통과했습니다. 본예산 673.3조 원에 1~2차 추경이 더해지며 2025년 정부지출은 703.3조 원까지 확대되며 처음으로 700조 원을 돌파했습니다.

재정수지(재정적자/GDP)는 -2.3%로 추산되며 이는 2020년 팬데믹 위기 대응에 네 차례 추경이 진행되며 재정수지가 -3.5%를 기록한 이후 최대 수준입니다.

그렇다면 이번 추경은 과도한 것일까요? 주요 선진국들의 재정적자와 비교하면 흥미로운 결론을 도출할 수 있습니다.

한국은 2025년 들어 역사적 규모의 재정지출을 단행했지만, 이는 OECD 평균 재정수지(-4.6%)보다 현저히 낮은 수준입니다. 미국(-6.1%), 일본(-6.9%), 영국(-5.7%), 프랑스(-6.1%) 등이 여전히 강력한 재정 정책을 이어가고 있기 때문입니다.

이재명 신정부 경제 정책 아젠다

이재명 신정부 산업육성 로드맵

AI
- 100조 민간펀드
- AI 인프라 구축
→ 데이터센터 인프라 구축에 대규모 자금 집행
→ 산업 생태계 조성 목표로 벤처펀드 활성화

산업혁신
- ABCDE+ 분야
- 조선, 방산, 미디어
→ 경쟁우위 산업 세수지원: 반도체, 방산, 조선, 미디어
→ 산업 육성과 외교+통상의 레버리지 도구 활용 의지

신재생에너지
- 그린 에너지 인프라
- 전력망 / RE100
→ 에너지 인프라 구축에서의 뉴딜투자 확대의 기회
→ 태양광 > 풍력 > 원자력 우선순위. 민-관 협력

외교/안보
- 국익 우선 / 실용 외교
- 4國+1 신구조화
→ 한-미-일 연대에서 중국, 러시아로 외형 확산
→ 중국 변수, 러시아 재건 기회, 공급망 불안/자원 외교

금융정책
- 상법 개정 / 지배구조
- 외국인 자금 유치
→ 상법 개정과 지배구조 개혁에 강력한 정책 의지 피력
→ 주가 부양에 적극적. 부동산에서의 자금 이동 계획

출처: 신한투자증권

독일만이 -2.1%로 유럽연합의 재정준칙(GDP 대비 -2%)을 준수하고 있으나, 독일 역시 전례 없는 재정지출 확대를 계획 중에 있습니다.

재정지출 확대를 우려하는 일각의 목소리에 공감하나, 한국은 GDP 대비 국가부채 비율이 50% 전후로 유지되며 국제 신용평가사로부터 아시아 국가 최고 수준의 AA(무디스: Aa2, S&P: AA, 피치: AA-)의 신용등급을 유지하고 있습니다.

결론적으로 한국 정부의 재정지출은 시행 가능한 여력 안에서 재정지출 확대라는 시대적 조류에 편승한 정책입니다. 다만 다음 두 가지 우려는 짚어볼 필요가 있습니다.

첫째, 재정 확대가 국채 발행 증가로 이어질 경우 시장금리 상승(=이자 비용 증가)을 유발할 수 있습니다. 이는 재정 정책이 경기 부양이 아닌 경기 위축을 초래하는 구축효과로 전환될 가능성을 내포합니다.

둘째, 재정지출은 '증가'보다 '축소'에 더 큰 영향을 받는 특성이 존재합니다. 비(非)기축통화국의 재정지출 한계를 인지하고 재정지출 속도를 제어하기 위한 재정준칙 마련이 필요합니다. 이번 추경이 구조적 정부지출 증가의 문을 열지 않도록 정책의 방향성과 적시성, 그리고 성과에 대한 집중적인 논의가 반드시 병행되어야 합니다.

한국 정부의 이번 30조 원 추경의 핵심 목표는 경기 회복의 마중물 효과입니다. 그렇다면 추경 집행이 경제 성장률 회복에 얼마나 큰 영향을 가질까요?

아쉽지만 최근 주요 기관들의 2025년 경제 성장률 전망치가 상향 조정됐으나, 여전히 0.8~1.2% 성장 기대에 그칩니다. 이는 한국의 잠재 성장률 2%의 절반에 불과하며, 경기침체 국면이 이어질 것이라는 전망이 지배적이라는 뜻입니다.

대규모 재정이 경기 회복을 주도하지 못하는 이유는 무엇일까요? 크게 두 가지입니다.

첫째, GDP 성장의 핵심 동력인 수출과 투자가 동반 부진할 전망입니다. 관세 리스크는 수출에 직접적 타격을 줄 것이고, 건설 및 설비 투자 역시 위축될 가능성이 높습니다.

둘째, 추경의 60% 이상이 민생 안정에 집중된 점도 이유입니다. 총 20조 원이 소비쿠폰(12.2조 원), 소상공인 지원(5.3조 원), 보육·교육(3.5조 원)에 할당되었고, 이는 이전지출 형태로 분류되며 GDP 기여도가 낮은 항목입니다.

여기에는 숨겨진 함정이 있습니다. 재정 정책 수단별 재정승수[9]의 차이가 뚜렷하다는 것입니다. 재정승수란 재정지출이 GDP 성장에 미치는 직접적 영향입니다. 재정지출을 1조

---

9 재정승수: 정부지출이 GDP를 얼마나 증가시키는지를 나타내는 지표다. 승수가 1보다 크면 재정이 효과적, 작으면 구축효과 우려가 크다는 뜻인데 이전지출은 재정승수가 가장 낮은 분야이다.

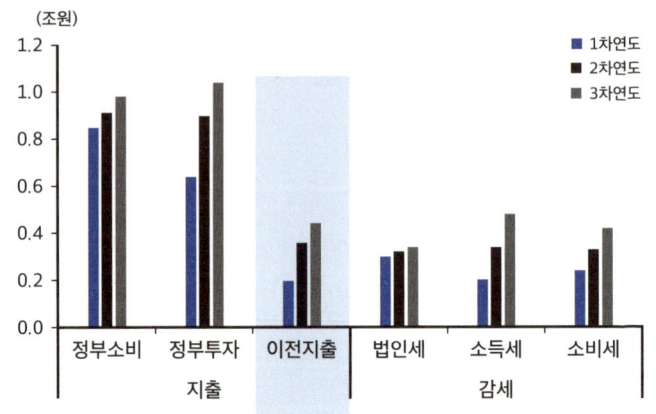

정부의 재정 정책을 각각 3차로 진행했을 때, 3차 진행의 효과가 가장 출처: 신한투자증권
큰 것으로 나타난다. 그중 정부소비, 정부투자의 효과는 높지만 이전지
출에 대한 효과는 미비한 편이다.

원으로 가정할 때 정부지출과 투자는 1조 원당 0.65~0.85조 원의 성장 효과를 보이지만, 이전지출은 0.2조 원 수준에 그치며 가장 낮은 성장 기여도를 보입니다.

절박하고 시급한 민생지원 정책의 필요성을 부정할 수 없겠으나, 보다 구조적인 접근이 병행되어야 정책 효과를 높이고 지속 가능성을 확보할 수 있습니다. 특히 자영업자가 겪고 있는 과도한 플랫폼 수수료, 매출과 무관한 임대료 상승 부담 등은 정책 개입이 필요한 핵심 문제입니다.

신정부의 재정 정책을 향한 주요 비평은 산업육성 지원(1.8

조 원)과 건설·SOC(2.7조 원)[10] 분야 지출이 총 4.5조 원에 그 친다는 것입니다. 가계만큼 절박한 위기에 직면한 기업 입장 에서는 AI 100조 민간펀드 조성, AI+그린에너지 인프라 구축, 신도시 조기분양 등을 강조했던 정책 공약과의 뚜렷한 간극 에 아쉬움을 가질 수 있습니다. 하지만 재정지출의 특수성을 감안하면 신정부의 산업 정책은 2026년에 접어들어 본격화 될 것으로 기대됩니다.

재정지출은 연속성을 가져야 합니다. 잠재 성장률 이상의 반등을 확인하지 않고 지출을 축소할 경우, 오히려 더 큰 기회 비용을 지불해야 할 수 있습니다. 예단하긴 이르지만 2026년 정부지출 역시 700조 원을 크게 상회할 것으로 예상되며, 이 과정에서 산업 육성, 부동산 공급 확대, 금융시장 조세 개혁 등이 동반될 전망입니다.

결론적으로 30조 원 이상의 추경이 강행되었지만, 단기적 성장률 반등 기대는 제한적일 수밖에 없습니다. 재정의 연속 성과 산업 정책의 구조화를 통해, 2026년 이후의 지속 가능 한 성장 전략이 구체화되어야 할 시점입니다.

---

10 SoC: CPU, GPU, 메모리, NPU 등 여러 기능을 하나의 칩에 통합한 시스템 반도체다. 스마트폰의 두뇌 역할을 하며 AI 시대에는 NPU까지 통합해 더욱 중요성이 커지고 있다.

미국과의 무역 협상, 근거 있는 자신감이 필요하다

　신정부의 가장 시급한 문제는 미국과의 무역 협상입니다. 이는 관세율 협상 하나에 그치지 않고 북한을 중심으로 한 동북아 안보와 직결됩니다. 한국 정부는 자국 중심의 공급망을 구축하고 새로운 안보 지형을 계획하는 미국에게 공동의 이익을 제시하고 동맹의 가치까지 설득해야 합니다. 동시에 한국의 최대 교역국 중국과의 마찰을 야기해서도 안 되는 정교한 외교의 선을 지켜내야 합니다.

　아직 성급하게 판단할 수는 없겠지만, 25%에서 15%로의 관세율 하향과 한국과 경쟁 구도를 갖는 유럽, 일본과의 동일한 관세율 적용은 나름의 외교적 성과로 평가받아야 합니다.

　하지만 상호관세율 협상에 과도하게 집착할 필요도 없다는 것이 필자의 판단입니다. 상호관세의 실패가 주력 수출 품목의 상대 경쟁력 악화를 의미하지 않고, 반대로 상호관세의 성공이 미국 수출 상대 경쟁력의 확보를 의미하지도 않습니다. 트럼프의 상호관세보다 개별품목 관세는 적용 방식과 파급 효과에 더 큰 영향을 미치지만 이는 예단할 수 없는 잠재 위협입니다.

　앞서 미국 공급망 재편 과정에서 강조한 것처럼, 한국의 미국향 주력 수출 품목인 자동차·부품, 2차전지, 반도체·IT의

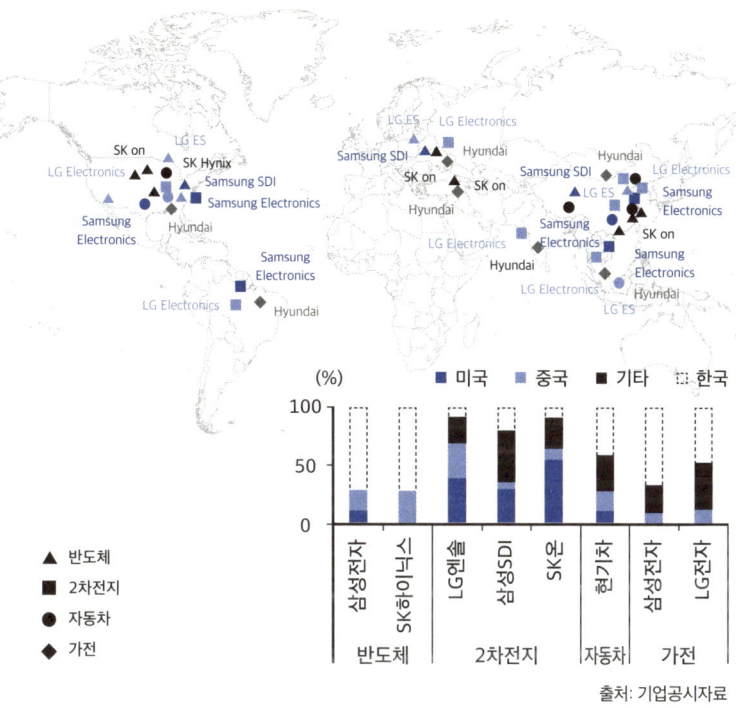

출처: 기업공시자료

3대 품목군은 미국 수출의 70%에 가까운 절대적 비중을 차지합니다. 다행히 한국의 미국 주력 수출 품목은 2028년까지 미국 수출의 상당 부분을 현지 생산으로 충당 가능한 수준까지 생산설비 이전 계획을 시행하고 있습니다.

2023년 기준, 한국의 대미(對美) 직접투자는 전체 해외 직접투자(ODI)의 45%를 차지했고, 같은 해 미국 내 한국 기업이 창출한 고용 인구는 2만 명을 넘어서며 세계 1위를 기록했습니다. 물론 현재 계획된 공장 가동까지 2~3년 시차와 중간재 조달에서의 원가 상승 우려는 존재합니다. 그러나 경쟁국인 중국, 유럽, 일본, 대만과 비교하면 한국은 미국 관세장벽에 상대 경쟁력을 보유하고 있다는 판단입니다.

미국과 중국의 분쟁은 한국에 역발상적 기회가 될 수 있습니다. 미·중 분쟁은 통상에서 기술과 안보, 금융의 영역으로까지 확산될 전망인데, 미국은 한국과 분리된 첨단산업 공급망을 구축할 수 없을 만큼 한국의 반도체, 2차전지, 신재생에너지, 조선 분야의 적극적 협력이 필요합니다.

한국 기업의 수출 지도 다변화 전략도 필요합니다. 이는 선진시장(Global North)이 아닌 신흥시장(Global South)으로의 수출기지 다변화 전략입니다.

미국과 중국에서 시작된 자국 공급망 구축 정책은 유럽과 일본으로 확산되고 있습니다. 이러한 흐름은 선진시장 내에서 한국 제품의 점유율 확대에 구조적 한계를 초래할 가능성이 큽니다. 반면 인도, 동남아, 중남미, 중동, 아프리카 등으로 대표되는 신흥시장은 향후 한국 수출의 전략적 기지가 될 수 있습니다. 이들 국가의 평균 경제 성장률은 5%를 상회하며, 2030년에는 세계 경제의 50% 이상을 차지할 것으로 전망됩니다.

안타까운 현실이나 현재 잠재 신흥국에서 중국의 스마트

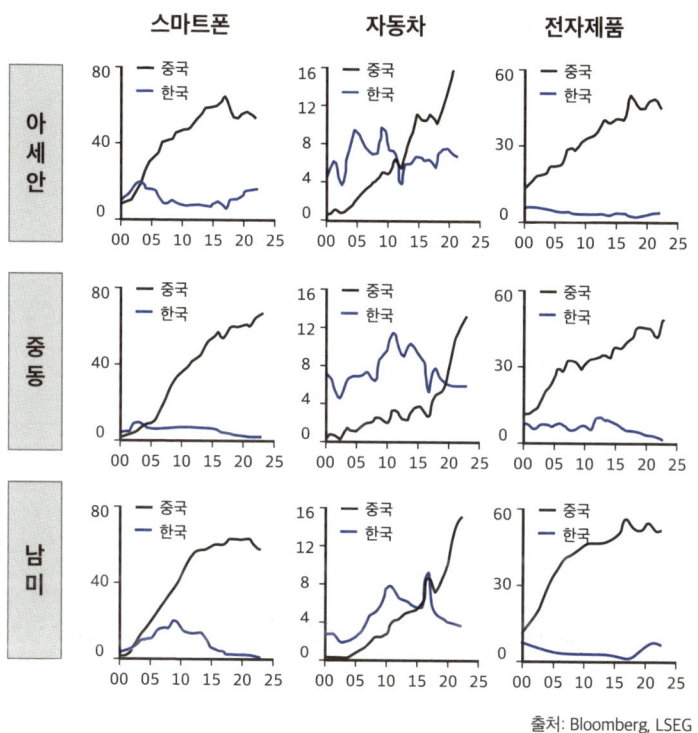

출처: Bloomberg, LSEG

폰, PC, 가전, 자동차 점유율이 한국과 일본을 크게 앞서고 있고 중국과의 격차는 해마다 확대되는 추세입니다.

수출의 주체는 기업이지만 정부는 기업이 직면한 위험에 완충장치의 역할을 수행해야 하고, 때로는 선제적 방향성도 제시해야 합니다. 미국과의 관세 협상이 최우선이지만, 정부 주도의 수출기지 다변화 전략도 함께 고민해야 할 시점입니다.

신정부 최우선 정책 과제, 산업 육성

'재정 정책의 함정'이란, 경기 부양을 위한 공공지출 확대가 오히려 경제 성장을 가로막고, 정부지출과 민간 경제가 악순환의 고리에 빠지는 현상을 의미합니다. 특히 한국처럼 기축통화국이 아닌 국가에서는, 정부의 재정지출이 곧바로 중대한 기회비용으로 작용할 수 있기에 보다 신중하고 정밀한 계획이 요구됩니다.

재정 정책은 어떻게 실패와 성공으로 나뉠 수 있을까요? 대표적인 실패 사례는 유럽입니다. 훼손된 제조업 경쟁력을 만회하기 위한 공공지출 증가는 정부 부채의 임계치까지 확대됐습니다. 결국 재정 확장은 한계에 직면했고, 공공지출의 감소는 유럽 경제의 장기 불황을 야기했습니다. 반면 성공 사례는 재정 확장과 함께 구조 개혁과 제조업 고도화에 성공한 일본입니다. 아직 절반의 성공에 그치나, 아베노믹스의 총수요 자극과 동반된 공급 개혁, 첨단산업 육성 정책은 일본이 장기 불황에서 탈출하는 동인이 되었습니다.

그렇다면 한국은 어떤 전략을 세워야 할까요? 한국 정부의 재정 확장과 산업 육성 정책보다 현실적이고 치밀한 전략을 가져야 합니다. 세 가지 정책 방향을 제시해 보겠습니다.

> 첫째, 정부 주도의 AI 인프라 구축과 산업 생태계 조성. 현실적 R&D 활성화 계획
> 둘째, 한국 기업의 글로벌 생산기지 재편 과정에서 한국 內 생산기지 구축에 대한 직접적 지원과 규제 완화
> 셋째, 산업 고도화를 위한 범용산업 통폐합에 정부의 적극적 의지와 지원책 강구

먼저, AI를 중심에 둔 첨단산업 육성 정책은 방향성과 정책 규모 모두에서 산업계와 금융시장에 큰 기대를 안겨주고 있습니다. 100조 원 규모의 민간펀드 조성, GPU 확보를 통한 데이터센터 인프라 구축, 벤처펀드를 통한 생태계 조성 등은 아직 재원 조달에 대한 우려가 존재하나 방향성 측면에서는 분명한 청사진을 제시하고 있습니다.

ABCDE+(AI, 바이오, 콘텐츠, 우주방위, 에너지) 분야의 경쟁 우위 산업의 세제 지원과 신재생에너지 인프라 구축도 같은 맥락에서 긍정적 기대를 갖습니다.

하지만 비대칭 성장을 해소하는 구조 개혁 없이는 지속 가능성이 제한됩니다. 현재 한국의 첨단산업 대부분은 기술경쟁력을 확보한 이후, 해외로 생산거점을 이전할 수밖에 없는 구

도가 고착화되었습니다. 그 결과 기업의 수출 확대가 한국 내 투자·고용·소비로 연결되지 못하며, 내수경제의 선순환 고리가 붕괴되고 있습니다.

직설적으로 말하자면, 아무리 글로벌 경쟁력을 가진 기업을 육성하더라도, 그 효과가 한국 경제 내부로 환류되지 않는다면 정책의 실효성은 크지 않다는 뜻입니다.

물론 해외 생산기지 구축은 불가피한 흐름입니다. 그러나 소부장(소재-부품-장비) 수직계열화[11], 산업 클러스터 형성, 마더팩토리 전략 등 핵심 공정과 고도화 설비만큼은 국내에 유치할 수 있도록 하는 직접적 지원책과 유연한 노동제도 개혁이 반드시 병행되어야 합니다.

마지막으로, 산업 고도화는 첨단산업 육성만으로는 완성되지 않습니다. 범용산업의 구조조정과 한계산업의 재편까지 포함한 포괄적 접근이 필요합니다.

고용 안정과 지방경제 활성화를 명분으로 한계기업 생존을 연명하는 구도는 **'결국 모두를 잃는 결과를 초래할 수 있다'**는 절박한 위기의식을 정부도 공유해야 합니다. 관세 정책에 따른 생산원가 상승과 AI 확산에 따른 생산성 경쟁 압박은 한국

---

11 소부장 수직계열화: 소재·부품·장비 산업에서 자국 내 기술 내재화와 공급망 통합을 추구하는 전략이다. 일본의 수출 규제 이후 한국산업의 자립과 기술 독립의 핵심 전략으로 자리 잡았다.

범용산업의 생존 자체를 위협하고 있기 때문입니다.

국내 대기업 그룹의 경영 환경을 고려할 때, 구경제 산업의 지속적 적자와 자금 투입은 신경제로의 전환을 가로막는 가장 큰 장애물이 되고 있습니다. 정부 주도의 한계산업 통폐합과 인수합병 관련 규제 완화 등의 적극적 구조조정 정책이 반드시 동반되어야 합니다.

미국의 전략 컨설팅사 보스턴컨설팅(BCG)은 공급 과잉에 처한 국내 석유화학 산업의 장기 불황 위험을 피할 수 없으며, 기업의 절반 이상이 퇴출될 것이라 경고했습니다. 이는 충격적이나 과장되지 않은 경고입니다. 국내 기업의 주력 수출 대상이었던 에틸렌은 중국 생산량이 이미 한국의 4배를 넘어섰고, 자급률도 100%에 육박합니다. 더 큰 문제는 향후 3년간 중국과 중동에서 1,500만 톤 이상의 추가 증설이 예정되어 있는데, 이는 한국 전체 설비 총량을 초과하는 규모라는 점입니다. 공장을 가동하면 할수록 적자가 누적되는 끝없는 불황의 형국입니다.

이재명 대통령과 기획재정부 장관 모두 국내 범용산업이 처한 엄중한 위기에 공감했습니다. 이에 10개 석유화학 기업에게 최대 370만 톤의 나프타분해설비(NCC) 감축을 목표로, 기업 주도의 사업 재편 계획을 연말까지 제출할 것을 지시했습니다. 이는 국내 전체 NCC 생산 능력의 25%에 달하는 강력한 의지의 표명입니다.

하지만 기업이 선제적으로 자구책을 마련하고 정부가 사후에 보상하겠다는 자율 협약 방식은 분명한 한계를 가집니다. 조선업은 한국 구조조정의 성공 사례로 꼽히지만, 정부의 소극적 개입과 회피는 오히려 10년 넘는 경영 부실을 장기화했습니다. '고용 보장'을 전제로 한 구조조정 자구책은 존립할 수 없는 명제입니다. **결국 정부 주도의 강제적 빅딜(통합·폐합)과 기업의 한계산업 부문 퇴출, 수직적 통합만이 규모의 경제를 실현하고 국제 경쟁력을 확보할 수 있으며, 이는 고부가가치 산업으로의 확장으로 이어집니다.** 구조조정이 불러온 고용 불안과 협력업체까지 이어진 지역경제 위축 역시 외면할 수 없습니다. 다만 '밑 빠진 독에 물을 채워 나가는 과정은 오히려 더 큰 위협에 봉착할 수 있다'는 지난 경험을 잊지 말아야 합니다. 구조조정 정책은 위험의 과정을 되도록 짧게 하고, 환부의 깊은 골을 파내는 과정임을 강조하고 싶습니다.

KOSPI 5,000과 강남 부동산 안정, 달성할 수 있을까?

과연 이번 정부는 강남 부동산 불패 신화를 깨뜨리고, KOSPI 5,000pt 달성이라는 원대한 목표를 실현할 수 있을까요? 이는 단순한 경제 목표를 넘어, 오랜 시간 축적된 관성과 심리에 도전하는 정책 실험이라 할 수 있습니다.

'땅값은 거짓말한 적이 없고', '국장 탈출은 지능순'이라는 말은 과거의 수익률이 입증한 서글픈 현실입니다. 그런데 변화의 조짐이 보이기 시작했습니다. 정부의 기습적인 부동산 대출 규제 정책이 효과를 발휘하고, 신정부 출범 21일(13영업일) 만에 KOSPI 3,000pt를 돌파하며 '혹시나? 어쩌면?'이라는 기대감이 조성되고 있습니다.

'두 가지 정책 목표는 하나의 성공과 하나의 실패로 귀결될 수 없다'는 점입니다. 정부가 계획하는 주식시장 육성 정책과 부동산 규제 정책은 상호작용을 통해 완성됩니다. 정부의 금융 정책은 부동산으로 편중된 가계자산을 금융시장으로 이전하는 대전환(Great Rotation)을 목표로 합니다. 이를 위해서 부동산 보유의 위험을 높이고, 금융자산 보유 기대수익률을 높이는 조합을 취하고 있습니다.

이제부터는 주식시장 육성과 부동산 규제라는 두 정책 방향성을 동일선상에서 조망해 보고, 시차를 두고 유사한 궤적을 걸은 일본, 중국, 대만 등 주변국의 정책과 비교를 통해 정책 실효성을 점검해 보겠습니다.

☑ 주식: KOSPI 5,000 달성을 위한 정책 제언

코리아 디스카운트 해소는 주식시장 육성을 자신하는 신정부 금융 정책의 핵심입니다. 하지만 '저평가 해소'라는 정책 구호만으로 KOSPI 5,000pt에 도달하기는 어렵습니다.

기업 자산가치의 재평가를 중심으로 한 주가 부양 정책은 일정한 효과가 있겠지만, 그 영향력에는 한계가 존재합니다. 예를 들어, PBR(주가순자산비율)[12] 1.0배는 KOSPI 3,000pt 수준에 해당하는데, 목표 주가에 가까워질수록 정책 주도력이 약화되고 차익 실현 매물이 늘어나는 악순환이 나타납니다. 결국 이전 고점 돌파 부담을 뚫지 못하는 박스권 장세, 이른바 **'박스피'**를 벗어나기 어렵습니다.

'코리아 디스카운트'의 본질을 꿰뚫어야 합니다. 필자는 지난 수 년간 미국주식의 적극적 비중 확대를 주장했고 이에 대해서는 거래가 아닌 보유 전략을 가져야 한다고 강조했습니다. 상대적으로 저평가된 한국 주식투자를 권하지 않았던 이유는, 주식 보유의 위험을 수용하기에 기대수익률이 너무도 제한적이었기 때문입니다.

KOSPI는 지난 10년간 순이익은 135% 증가했으나 주식수는 28% 증가해 주당순이익(EPS)은 78% 증가에 그쳤습니다.

---

[12] PBR: 기업의 자산가치 대비 시가총액 비중을 의미한다. 1배 이하일 경우 저평가로 보지만 성장성과 수익성을 함께 고려해야 실질적 해석이 가능하다.

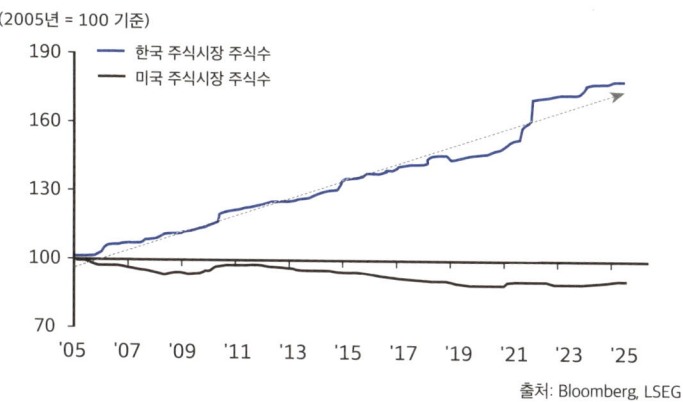

출처: Bloomberg, LSEG

반면 S&P500은 기술주 주도의 강력한 이익 증가세에도 주식수는 6% 감소했습니다. 기업이익만큼 빠르게 증가하는 주식수를 허용하며, 주주가치가 인정받지 못하는 주식시장에 저평가를 근거로 주식투자를 권할 수는 없는 노릇입니다.

다행히 긍정적인 변화도 감지되고 있습니다. 상법 개정안은 구조적 문제 해결의 출발점이 될 수 있습니다. 이사의 충실의무에 주주를 명시하고, 감사위원 분리 선출을 의무화한 조치는 낮은 주주환원율과 불투명한 지배구조 문제 개선에 기여할 것으로 기대됩니다.

장밋빛 기대도 커져갑니다. 일본의 PBR은 1.5배, 신흥국 평균은 1.7배입니다. 만약 한국이 정책의 변화로 이들 중간 수준인 PBR 1.6배를 적용받는다면, KOSPI 5,000pt 달성은 이론적으로 충분히 가능하다고 기대됩니다.

하지만 냉정한 시각도 필요합니다. 제도 개선이 저평가 해소의 유인이 될 수는 있지만, 그 효과는 PBR 1.2~1.3배 수준, KOSPI 3,500pt 부근이 한계입니다. 주가는 결국 실적에 수렴할 수밖에 없습니다. 궁극적으로는 주주환원을 넘어서는 기업 펀더멘털의 개선, 즉 이익 성장이 반드시 뒷받침되어야 합니다.

이때 가장 핵심이 되는 지표는 ROE(자기자본이익률)[13]입니다. 현재 한국 증시의 ROE는 약 8~9% 수준으로, 과거 20년간 ROE와 PBR 간에는 80% 이상의 높은 상관관계가 유지되어 왔습니다. KOSPI 5,000pt에 필요한 PBR 1.6배는 ROE가 최소 15% 이상으로 상승해야 가능한 수치입니다. 이는 단순한 제도 개편만으로는 도달하기 어려운 구조입니다.

따라서 정부 정책은 '상법 개정' 같은 제도 개혁을 넘어, 산업과 경제 전반의 체질 개선으로 확장되어야 합니다. 기업은 변화된 정책 환경 속에서 신산업을 통한 성장성(=이익 성장)을 증명하고, 구사업의 구조조정을 통해 안정적 현금흐름(=주주환원 재원)을 확보해야 합니다. 이 두 가지가 함께 작동할 때 비로소 ROE의 상승, 주가의 재평가, 그리고 KOSPI 5,000이라는

---

[13] ROE: 기업이 자기자본으로 얼마나 효율적으로 이익을 냈는지를 보여주는 지표다. 수익성과 자본 효율성을 동시에 반영하며, 투자자 관점에서 핵심 재무지표로 활용된다.

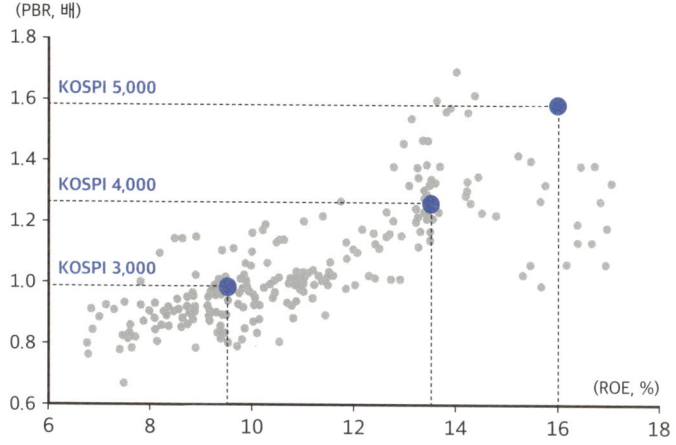

KOSPI 5,000 달성을 위해서는 수익성 개선으로 인한 15% 이상의 ROE가 필요하고 이에 맞는 PBR은 1.6배이다. 출처: Bloomberg, LSEG

목표가 현실이 될 수 있습니다.

일본의 주식시장 육성 정책은 한국에 많은 시사점을 남깁니다. 일본 경제가 장기 불황에서 탈출했다고 단정할 수 없지만, 주식시장에서의 정부 정책 성과는 분명하기 때문입니다.

아베노믹스와 함께 시작된 기업지배구조 개편은 닛케이 지수를 2012년 8,000pt에서 2024년 40,000pt 이상으로 끌어올리며, 10년간 5배 넘는 랠리를 가능케 했습니다.

정부 정책은 치밀하게 설계되었습니다. 총수요 자극과 구조조정을 통해 기업 수익성과 재무 건전성을 회복시켰고, 지배구조 개혁으로 투명성을 높였습니다. 도쿄증권거래소는 밸류업 정책을 시행해 PBR 1배 미만 기업에 실질적 행동을 요구하며 자기자본 효율성을 강화했습니다.

또한, 가계자산이 예금과 부동산에서 주식시장으로 이동하도록 '자산배증정책'을 단행했습니다. 금융소득세율 20%를 유지하면서도 NISA·iDeCo 비과세 계좌를 통해 연간 3,500만 원 이상 장기·적립 투자에 강력한 인센티브를 부여한 것입니다.

결국 일본의 주식시장 육성 정책 덕분에 **[기업이익 증가]** → **[현금흐름 개선]** → **[주주환원 확대]** → **[주가 상승]**이라는

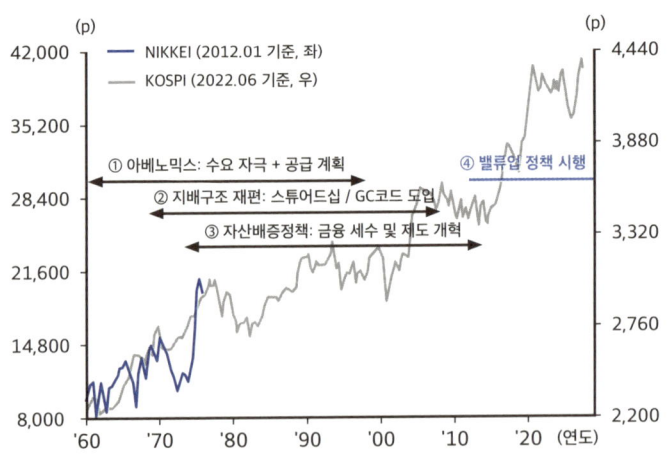

일본 주식시장 육성정책과 비교한 한국의 현주소

출처: Bloomberg, LSEG

선순환 구조가 완성되었습니다.

한국은 아직 출발선에 머물러 있지만, 일본과 비교해 볼 때 정책 우선순위 조정과 뚜렷한 방향성 제시가 필요합니다. 우리나라는 수익성 악화라는 기업 환경에도 불구하고 밸류업 정책이 가장 먼저 시행됐고, 상법·세법 개정을 통해 주주환원과 지배구조 개선을 법과 제도로 강제하고 있습니다. 소유와 경영이 분리되지 못한 후진적 지배구조의 현실을 인지하더라도, 제도 완비를 위해서는 규제와 인센티브가 병행돼야 합니다.

특히 금융세수 개혁은 투자자 신뢰를 높이고 장기투자 기반을 강화하는 방향으로 보완이 필요합니다. 근로소득과 금융소득 간 차이를 조정해 조세 정의를 실현하고, 고액자산가 과세를 통한 소득 재분배 필요성도 부정할 수 없습니다. 물론 사회적 저항과 공감대 형성의 문턱은 높습니다. 그럼에도 금융세수 재편은 더 큰 의미를 가집니다. 가계부채 절벽에서 마주한 부동산 과열, 고령화로 인한 사회적 비용 증가는 이미 국가와 개인의 지속 가능성까지 위협하고 있기 때문입니다. 동시에 금융시장 활성화를 통한 기업과 가계의 선순환 성장 구조를 만드는 것 역시 비대칭적 성장에서 벗어날 수 있는 중요한 대안이 될 수 있습니다.

미국, 유럽, 일본은 이 벽을 넘고 있습니다. 미국은 소득세보다 낮은 금융투자세율(금투세)을 유지합니다. 상위 1% 고소득층(연소득 7억 원 이상)에도 양도세율은 20%에 불과하며, 이는 소득세 중간세율보다 낮습니다. 핵심 메시지는 '소득이 아닌 보유기간(장기투자 유도)'입니다. 1년 미만 보유 자산에는 37%의 징벌적 최고세율을 적용해 단기 투기를 억제하고, 1년 이상 보유 시에는 중산층 15%, 저소득층(부부 합산 1.2억 원 미만)에게는 비과세 혜택을 부여합니다.

일본은 소득세와 금융투자세율을 모두 20%로 동일하게 적용합니다. 양도차익과 배당소득에도 같은 세율을 매기면서, 유럽식 장기·적립형 비과세 계좌 제도(NISA)를 도입해 연간 3,500~4,000만 원의 비과세 혜택을 제공합니다. 20%의 절세는 강력한 복리 수익 효과를 의미하며, 고령화로 인한 연금 재정 압박을 완화하고 예금에 묶여 있는 가계자산을 금융시장으로 이동하는 강력한 동인이 되었습니다.

반면 한국은 금융투자세를 통해 가계자산을 금융시장으로 유도하겠다는 정책 메시지를 분명하게 전달하지 못하고 있습니다. 여전히 조세 정의·소득 재분배 논리와 과거 제도의 틀에 머물러 있습니다. 그러나 선진국 사례는 금융세제가 왜곡된 가계자산 구조를 바로잡고 정책 방향을 제시하는 효과적인 수단임을 보여줍니다. 한국도 조세 정의를 지키면서, 장기·적립·배당투자에 명확한 인센티브를 제시해야 합니다.

현재 한국 금융 정책의 가장 큰 모순은, KOSPI 5,000 시대

미국, 일본, 한국의 금투세 비교

	미국	일본	한국
소득세	최고: 37% 중간: 23% 지방세 0~13%	최고: 45% 중간: 20% 주민세 10%	최고: 45% 중간: 24% 지방세 0~4.5%
금투세 양도	양도, 배당세 동일 소득기준 차등	양도, 배당세 동일 일률 20% 적용 15% + 주민세 5%	양도차익 국내: 0%, 대주주: 22~27.5% 해외: 22%
금투세 배당	보유기준 차등 1년 미만: 27% 1년 이상: 20%		배당수익 15.4~49.5% 종합과세 49.5%
세제 특징	단기투자 징벌과세 → 장기투자 유도 소득별 차등 과세 → 소득세>금투세	일률적 금융과세 → 소득세=금투세 장기·적립 비과세 계좌 → 파격적 비과세 한도	복잡한 다층적 구조 → 소득세<금투세 배당·이자 과세 부담 → 소극적 인센티브

출처: 신한투자증권

개막과 금융자본의 역할을 확대하는 거대한 정책 담론과 이를 시행하기 위한 각론의 불일치입니다.

경영 환경이 악화된 기업에게 상법 개정과 배당 확대 요구만으로는 지속적인 주가 상승을 이끌기 어렵습니다. 부동산 대비 주식의 상대적 매력을 높이기 위한 세제 개편의 속도와 방향성 모두 시장 참여자들의 눈높이와 큰 차이를 보입니다. 배당소득세 분리과세는 제한적 수준에 머물고, 대주주 양도세 기준은 시장의 요구를 수용하지 못합니다.

KOSPI 5,000 시대를 열기 위해서 세 가지 변화가 필요합니다. 첫째는 총수요 자극과 동행한 산업구조 재편을 통한 기업이익 성장과 재무구조 개선이 필요합니다. 둘째, 금융과 실물자산 모두 다르지 않습니다. 높은 수익, 통제된 위험, 낮은 세수로 가계자금은 이동할 수밖에 없습니다. 부동산 보유에 추가적인 페널티를 부여하기보다 금융자산 보유에 강력한 인센티브를 부여해야 하고, 이는 명확한 정책 메시지를 전달하는 방식이어야 합니다. 셋째는 지배구조 재편, 밸류업 프로그램 시행, 금융시장 제도 선진화입니다. 이 부분은 현재의 정책 방향성에 신뢰를 갖기에 충분합니다.

필자는 KOSPI 5,000 시대에 대한 희망의 끈을 아직 놓지 않고 있습니다. 초기 단계에서의 정책과 시장의 혼선은 존재하나 정부 정책은 국민의 눈높이와 사회적 공감대 속에서 조율될 수밖에 없습니다.

금융시장 참여자의 부족한 식견에 그칠 수 있으나, 해법은 분명합니다. 먼저 기업의 이익과 현금흐름을 강화하는 것이 출발점입니다. 이를 기반으로 목표 달성에 따라 보상이 주어지는 구조를 설계하고, 주주의무를 성실히 이행하지 않는 기업에는 강력한 제약을 가하는 방식이 필요합니다.

정책의 메시지는 복잡해서는 안 됩니다. 장기·적립·배당형 투자자산에는 비과세나 저율 과세로 보상한다는 명확한 원칙을 세우고, 기업은 이익 개선을 유도하고 공정하게 정보를 공개하며, 주주환원을 확대할 경우 인센티브를 부여해야 합니다.

형평성을 지키되 행동에 따른 보상을 통해 가계 자금이 금융시장으로 이동하도록 유도하는 것이 핵심입니다. 결국 정책의 성패는 구호가 아니라 추진 순서와 메시지의 일관성에 달려 있습니다.

한국판 대전환을 준비하는 정부

한국 부동산과 가계부채 증가의 배경에는 장기간 누적된 부동산 매매차익 성과가 있습니다. 만약 주식과 채권의 상대적 매력이 강화되고, 부동산 보유의 리스크가 기대 수익율을 초과하는 시점이 도래한다면, 현재와 같은 비대칭 구도는 완화될 수 있습니다.

이 경우, 선진국형 가계자산 구조로의 대전환이 현실화될 가능성도 높아집니다. 궁극적으로는 금융자산 투자의 상대성과가 부동산을 앞설 때에만, 부동산 정책도 실효성을 가질 수 있기 때문입니다.

앞서 강조했듯, 부동산 보유의 연환산 수익률은 글로벌 금융자산 평균 수익률을 넘어서지 못합니다. 미국 사례를 기준으로 보면, 서울의 부동산 보유 수익률과 미국 국채의 장기 수익률은 큰 차이가 없으며, 주식보다는 확연히 낮은 수준을 보입니다. 그럼에도 부동산 수익률이 높게 인식된 배경은 두세 배에 달하는 레버리지 활용이 가능했기 때문입니다. 즉, 신용대출을 활용해 실질 투자 회수금액이 커졌던 구조인 셈입니다. 이러한 레버리지 효과를 제약하는 '대출 총량 규제'는 실질 수익률을 낮추는 데 효과적인 조치가 될 수 있습니다.

핵심은 세제 개혁의 성공 여부에 있습니다. 향후 세제 개혁은 정부 주도의 가계자산 전환(부동산 → 금융자산)을 유도하는 핵심 수단이 될 수 있습니다.

부동산 세제 인상보다 금융자산에 대한 세제 감면이 훨씬 강력한 유인책이 될 수 있습니다. 예를 들어, 종합소득세 내 이자·배당 소득의 분리과세 확대는 매우 상징적인 제도 변화이며, 상법 개정과 상속세 개편과 함께 연계될 경우 정책 효과는 더욱 커질 수 있습니다.

최근 국회를 통과한 배당소득세 분리과세안[14]도 주목할 필요가 있습니다. 이는 단순한 감세가 아닌 금융시장 활성화와 가계자산 이동의 신호탄입니다. 주식 외에도 개인투자자용 국채 발행 시 '만기 보유' 조건에 따른 가산 이자 제공과 세제 혜택 확대는 매우 유효한 정책 방향입니다. 이는 투자자, 정

---

14 배당소득세 분리과세: 배당소득을 다른 금융소득과 분리해 독립적인 세율로 과세하는 제도다. 고액 자산가의 세부담 완화와 중산층의 배당투자 유인을 둘러싼 정책적 논쟁이 뒤따른다.

부, 기업 모두가 '윈-윈' 하는 선순환 구조를 만들 수 있는 장치이기 때문입니다.

필자가 무엇보다 강조하는 변화는 비과세 영역의 연금저축과 ISA(개인형 비과세 계좌), IRP(개인형 퇴직연금)[15] 계좌의 비과세 영역 확대와 편입된 금융자산의 다변화 전략입니다.

한국 가계의 부동산 편중 자산 구조를 금융자산 중심으로 전환하기 위한 과정에서 주식시장 부양 정책은 일회성 정책에 그칠 수밖에 없습니다. 특히, 이전 정부의 밸류업 정책과 현 정부의 상법 개정도 영구적 변화보다 일회성에 그칠 가능성이 존재합니다. 결국 금융세제 개혁, 연금 계좌제도 고도화, 연금제도 개편, 마지막으로 금융시장에 대한 신뢰 확보. 이 네 가지가 함께 작동해야만, 한국 가계자산의 구조 전환이 실현될 수 있습니다

일본과 주요 선진국의 사례는 이 과제에 큰 시사점을 가집니다. 선진국은 이미 이런 문제에 봉착해 정책의 변화를 시작하고 있습니다.

미국과 유럽은 이미 수십 년 전부터 민간 주도의 연금 제도 개혁을 통해 선진화된 퇴직연금 인프라를 조성해 왔습니다.

---

15 IRP, ISA, 연금저축: 개인형 퇴직연금(IRP), 개인종합자산관리계좌(ISA), 연금저축은 세제 혜택이 있는 장기 투자 상품이다. 노후 대비와 절세투자를 동시에 고려하는 자산관리 도구로 활용된다.

선진국의 다층적 연금제도(공적연금-퇴직연금-사적연금)는 노후소득 보장, 국가 재정의 분산, 자본시장 활성화, 복지의 포용성 제고라는 측면에서 한국에 큰 시사점을 줍니다.

특히, 미국의 401(k) 제도는 세제 혜택뿐 아니라, 다양한 금융상품에 대한 투자 자율성을 부여하고 있습니다. 수익에 대한 과세를 인출 시점으로 유예함으로써 장기투자 유인을 제공하는 구조 또한 벤치마킹할 가치가 있습니다.

일본은 가계 노후 파산 위험과 자산 쏠림 해소를 위해 NISA, iDeco 등의 공격적 비과세 정책을 추진 중입니다. NISA는 Nippon Individual Saving Account의 약자로 영국의 ISA를 벤치마크했으며, 한국의 ISA보다 규모와 유연성이 크고 비과세 기간도 무기한으로 연장됐습니다. 1인 1계좌, 연간 360만 엔(약 3,300만 원), 총 1,800만 엔(약 1억 7,000만 원) 한도로 확대된 점은 한국 정책 설계에도 강력한 시사점을 제공합니다.

결론적으로, 한국의 가계자산 구조를 부동산 중심에서 금융자산 중심으로 재편하는 작업은 단순한 정책의 영역을 넘어, 거시경제의 선순환 구조를 설계하는 핵심 과제입니다.

단기 세수 감소나 고액 자산가의 혜택 논란을 넘어서, 국민의 자산 형성과 안정적 노후라는 더 큰 미래를 바라보는 시각이 필요합니다. 더 이상 지체할 시간이 없습니다.

PART 3

기술혁신

: 장기 파동의 이해

기술혁신으로
연결된
세계

세계 경제의 변곡점에는 기술혁신이 있었다

마지막 파트의 주제를 기술혁신으로 정한 이유는, 역사를 되돌아보면 기술혁신은 50년 이상의 장기 흐름 속에서 세상의 모든 변화를 이끌어 왔기 때문입니다. 현재 세계 경제는 인공지능(AI)이라는 기술혁신의 정점으로부터 근본적인 변화가 진행 중입니다.

AI가 가져올 변화는 우리가 상상하는 것보다 훨씬 큰 흐름일 수 있습니다. 단순히 정보통신 기술의 진화를 넘어서, 금융·산업·안보·교육 등 삶의 모든 영역에서 시스템의 대전환을 유도하기 때문입니다. 기술혁신의 주도권을 쥔 국가와 기업은 디지털 공급망의 중심이 될 뿐 아니라, 새로운 금융·군사·정치 질서의 핵심 축으로 부상할 가능성이 높습니다.

기술혁신이 주도한 역사의 흐름을 되돌아보면, 세계 경제 질서가 바뀌는 변곡점에는 항상 기술혁신이 함께했습니다. 첨단기술로 제조업 경쟁력을 확보한 국가는 강력한 국방력의 우위를 선점했고, 국제 질서를 주도하는 패권국으로 도약했습니다.

18세기 후반, 증기기관·방직·철도 중심의 공업화에 성공한 영국은 해가 지지 않는 대영제국으로 부상했습니다. 19세기 말 미국은 산업용 전기에너지 발명과 컨베이어벨트를 통한 대량생산 시스템을 앞세워 2차 산업혁명의 주역으로 떠올랐죠. 이어 20세기 중반에는 컴퓨터, 반도체, 인터넷이라는 연쇄적 기술혁신을 통해 냉전시대 군사패권과 디지털 자본주의를 동시에 손에 넣었습니다.

새로운 힘의 패권은 누가 차지할 것인가?

미국이 패권국으로 굳어진 배경에는 단 하나의 원리가 작동했습니다. 바로 **'가장 먼저, 가장 깊이 기술을 장악한 국가가**

세계를 주도한다'는 사실입니다.

이러한 역사적 사례들은 새로운 기술혁신이 단순히 경제적 번영을 넘어 국가 간 힘의 균형과 국제질서 재편에 얼마나 큰 영향을 미치는지 명확하게 보여줍니다.

AI라는 새로운 기술혁신 주기에서 미국이 기술 패권의 압도적 지위를 선점하고 새로운 공급망 구축을 강행하는 이유도 과거와 유사한 경로로 해석될 수 있습니다.

AI는 공급망, 군사, 금융, 교육, 외교까지 포괄하는 시스템 혁신이자 세계 경제 질서 전환의 인프라입니다. 미국은 이 기술의 주도권을 얻음으로써 중국 중심의 글로벌 공급망에서 탈피하고, 자국 중심으로 새롭게 재편된 공급망을 완성하려 합니다.

하지만 이번 게임은 과거처럼 쉽지 않아 보입니다. 중국은 이미 반도체, 전기차 등 여러 분야에서 강력한 추격자이자 1위 자리를 차지했고, 유럽과 인도, 일본도 각자 기술 주권을 모색하고 있기 때문입니다. '기술-경제-안보' 삼각축의 신(新)패권 경쟁이 더욱 치열해질 전망입니다.

한국 경제의 미래 또한 첨단산업에서의 경쟁 우위를 확보할 수 있는지 여부에 달려 있습니다. 이미 미국과 중국이 과점한 AI 생태계에서 한국 기업의 기술 경쟁력이 과거처럼 유지될 수 있을지에 대한 전망은 우려를 낳고 있습니다.

마지막 파트 3에서는 인공지능을 중심으로 한 기술혁신이 세상의 모든 변화를 관통하며 지배하고 있음을 강조하고자 합니다. 산업혁명과 기술혁신의 반복된 역사에서 현 시점을 정확히 인식하고, '정부 시각에서는 첨단산업 육성 정책의 방향성 정립'을, '기업에게는 사업 포트폴리오 고도화 전략'을, '가계에는 자본가 혹은 투자자로서 기술혁신이 주도하는 변화에 편승하는 방법론'을 제시해 보고자 합니다.

15

세계 경제를 좌우하는 기술혁신 파동

경제 질서보다 강한 기술혁신

이번 장에서는 기술혁신이 실물경기와 금융시장, 더 나아가 세계 정세에 미치는 영향을 점검해 보고자 합니다.

먼저 최근 몇 년간 일어난 일들을 되돌아보겠습니다. 팬데믹을 거치며 글로벌 금융시장은 전례 없는 위험을 소화했습니다. 경제와 사회의 봉쇄는 제조업 전반의 공급 차질로 이어졌고, 이는 40년 만에 가장 높은 수준의 인플레이션을 유발했습니다.

연준(미국의 중앙은행)은 30년 만에 가장 빠른 속도로 금리를 인상하며 이를 진정시키려 했고, 당시 다수의 경제학자들은 경기침체를 확신했습니다. 실제로 2023년 미국의 경기침체 확률은 98%까지 치솟았지만, 미국 경제는 여전히 견조한 흐름을 이어가고 있습니다.

또 다른 위기가 시작되었습니다. 트럼프 2기 정부 출범과 함께 관세 정책의 위험이 부각되었고, 미국과 중국의 패권전쟁은 수위를 높였습니다. 달러 패권 지위에 대한 의구심도 커졌지만, 미국 경제와 주식시장은 여전히 상대적·절대적 우위를 지켜내고 있습니다.

이처럼 과거 경험에 기반한 합리적 우려들이 연이어 빗나가고 있습니다. 혹시 일상에서 체감하는 실물경기와 주식시장의 간극이 지나치게 크다고 느껴본 적 없으실까요? 우려가 가득한 현실경기 속에서 강세장이 이어지는 주식시장의 모습이 이질적으로 느껴지지는 않았습니까?

실제로 실물경기와 주식시장의 괴리는 갈수록 확대되고 있습니다. 특히 미국과 비미국 국가 간의 주식시장 온도차는 점점 극명해지고 있습니다.

다음 차트에서 그 간극이 얼마나 벌어지고 있는지를 쉽게 확인할 수 있습니다. 경기에 앞서 움직이는 경기선행지수와 주식시장의 분리(Decoupling) 현상은 역사상 유례없는 수준으로 벌어져 있습니다. 또한 미국 증시와 비미국 증시 간 수익률

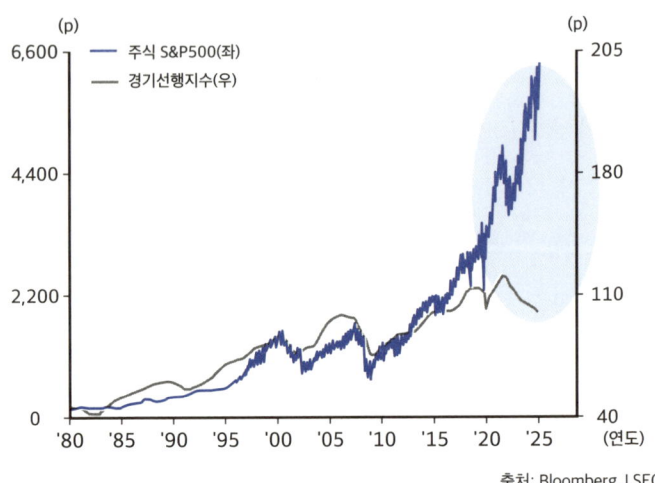

출처: Bloomberg, LSEG

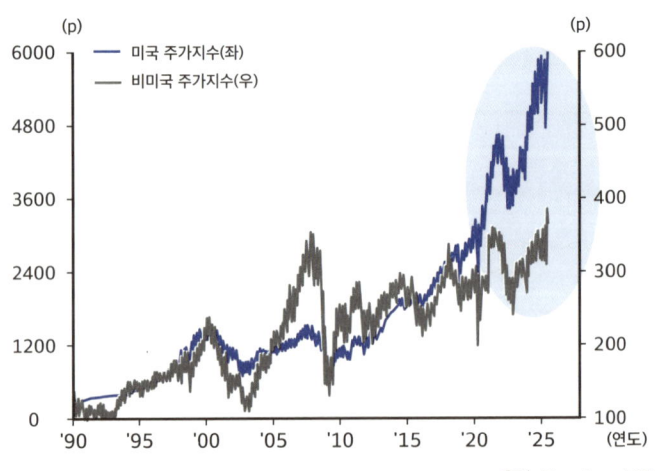

출처: Bloomberg, LSEG

차이도 계속해서 확대되고 있습니다.

만약 경기침체 예측에 대비해 주식시장에 소극적으로 대응했다면, 강세장에서의 소중한 투자 기회를 놓쳤을 것이고, 미국 증시의 낙수효과를 기대하며 덜 오른 비미국 증시에 투자했다면, 역사적 수준으로 전개되는 미국 기술주 중심의 강세장에서 소외되었을지도 모릅니다.

우리는 왜 이런 아이러니한 상황에 직면해 있을까요? 왜 경제지표로 금융시장을 설명할 수 없고, 또 미국 증시의 나 홀로 강세장은 어떤 이유를 들어 설명할 수 있을까요?

그 해답은 바로 기술혁신에 있습니다. 기술혁신은 단지 첨단산업의 변화를 뜻하는 것이 아닙니다. 이는 전체 경제의 순환 주기를 초월하는, 상위 개념의 보다 거대한 흐름으로 이해해야 합니다.

실제로 팬데믹, 인플레이션, 지정학 위험, 관세 정책 등으로 경기를 미리 보여주는 교역, 생산 지표들은 일제히 둔화됐습니다. 그럼에도 불구하고 미국 경제는 GDP 기준 역사상 두 번째로 긴 경기 확장을 유지했고, 기업이익은 그보다 더 강한 반등세를 이어가며 주식시장의 강세를 지탱했습니다.

이러한 배경에는 AI가 주도한 기술혁신의 '소수 수혜 기업' 효과가 작용했습니다. 이들 기업은 실물경기와 기업이익, 주식시장 전반의 흐름까지 결정짓는 중심축으로 부상했고, 아직

AI가 주도한 변화는 인프라 구축의 초기 단계에 있다는 점에서 더욱 주목할 만합니다.

30년 전인 1995년에도 비슷한 경험이 반복됐습니다. 90년대 중반 당시 연준 의장이었던 그린스펀은 인플레이션 제어를 위해 기습적인 금리 인상을 단행했습니다. 정책 금리는 일곱 차례에 걸쳐 300bp까지 인상됐습니다. 강경한 긴축 정책에 시장 금리는 급등했고 채권가격 폭락으로 평가손실은 눈덩이처럼 확대됐습니다. 당시 이러한 긴축 영향을 '채권 대학살(Great Bond Massacre)'이라고 부르기도 했습니다.

하지만 결과는 어땠을까요? 높은 금리는 금융시장의 불안을 야기했지만, 경기 침체로는 이어지지 않았습니다. 되려 기업이익은 지속해서 증가했고, 이후 '닷컴 버블[1]'이라 불리는 미국 증시 역사상 가장 장기간의 강세장이 진행됐습니다.

그 배경에는 1995년 이후 인터넷, 개인용 컴퓨터(PC), 피처폰 등 정보통신 기술의 확산과 인프라 투자 확대가 있었습니다. 기술혁신이 경제와 금융시장을 어떻게 지배하는지 30년 전과 현재의 사례가 명확히 보여주고 있습니다.

---

1 닷컴 버블: 1990년대 말~2000년대 초 인터넷 기업에 대한 과도한 기대와 투자가 유발한 자산 거품. 실적이 없는 기업에도 높은 가치가 부여되었고, 2000년 나스닥 폭락과 함께 거품이 붕괴되었다. AI 버블과 비교해 자주 인용된다.

경기 순환 주기로 읽는 기술혁신 파동

학술적 깊이까지 더해보겠습니다. 전통적인 경기 순환 주기로는 설명하기 어려운 오늘날의 변화를 투자와 기술이 주도하는 '대순환 주기(Mega Cycle)'로 접근함으로써 기술혁신을 대하는 시야를 넓혀보고자 합니다.

우리가 '주기성 이론(Cycle)'에 주목해야 하는 이유는 현재의 위치를 명확히 인식하고, 동시에 미래에 대비하기 위함입니다. 세상은 결코 같은 방식으로 반복되진 않지만, 유사한 패턴이 축적되며 일정한 주기를 형성합니다. 따라서 'Cycle', 즉 반복된 흐름은 학문적 호기심을 넘어 실제 시장을 이해하는 유효한 도구로 받아들여야 합니다.

투자의 전설로 남은 월가의 구루들은 언제나 시장의 반대편에 서 있었습니다. 대중의 공포 속에서 기회를 찾고, 대중의 낙관 속에서 위험을 감지했습니다. 그들의 혜안은 군중심리에 동조되기보다 역사적 경험에 기반해 현재를 이해하고 역발상적 결정을 내리는 통찰력이었습니다.

이제 본론으로 들어가 보겠습니다. 경기 순환 주기는 단기·중기·장기의 세 가지 파동으로 구성됩니다. 단기 파동은 실물 경기의 흐름을 반영하고, 장기 파동은 그보다 상위 개념으로 작동합니다.

경기는 호황과 불황을 반복하며 하나의 주기를 완성합니다. 혹시 우리가 일상에서 체감하는 경기, 물가, 이자율 등이 어느 정도의 주기를 가지고 있는지 궁금하지 않으신가요?

경기의 순환 원리는 간단합니다. 기업의 생산·재고 활동과, 이를 조정하려는 정부의 통화·재정 정책 간 상호작용 때문입니다. 예를 들어 기업이 과잉 생산을 통해 경기가 과열되면 정부는 금리를 인상하고 지출을 줄입니다. 그러면 생산과 고용이 위축되고, 경기는 둔화되죠. 다시 정부는 금리를 인하하고 지출을 확대하며 경기를 부양하고 결국, 경기는 회복으로 돌아섭니다. 경기는 이러한 흐름의 반복입니다.

혹시 10년 주기로 세계 경제를 강타한 위기들이 반복되어 왔다는 사실을 알고 계셨나요? '1986년 미국 대부조합(S&L) 위기 → 1997년 동아시아 외환위기 → 2008년 미국발 금융위기 → 2019년 팬데믹'은 모두 10~12년 간격으로 반복된 위기입니다.

흥미로운 점은 반복된 위기 뒤에는 어김없이 대규모 정부 부양 정책이 등장했고, 강한 정책은 결국 강력한 투자와 기술혁신을 주도하는 형태로 확장되었습니다. 마치 일정한 주기를 따라 움직이는 리듬처럼 세계 경제는 위기와 정책, 그리고 투자와 기술혁신의 큰 흐름 속에서 움직여 왔습니다.

이러한 흐름은 학문적으로도 규명되어 왔습니다. 약 3년 주기의 단기 투자 파동은 키친 파동(Kitchin cycle)[2], 10~20년 주기의 장기 투자 파동은 주글라(Juglar)와 쿠즈네츠(Kuznets) 파동으로 설명되고, 기술혁신은 50년 주기의 콘트라티예프(Kondratiev) 파동으로 정의됩니다.[3]

이 장기 파동들이 중요한 이유는 단지 시간의 길이 때문이 아니라, 경제·산업·기술의 반복된 순환성을 설명한 노벨 경제학자들의 이론이라는 점에서 학술적 권위와 실천적 통찰을 동시에 지닌다는 데 있습니다.

특히 AI가 주도하는 현재의 변화는 주글라, 콘트라티예프 파동의 전형적 조건과 일치합니다. 내연기관과 자동차, 인터넷과 PC가 세상을 바꿨듯 AI가 5차 산업혁명에 해당하는 새로운 콘트라티예프 파동을 일으키고 있다는 의미입니다. 향후 수십 년간 사회 전반의 구조를 뒤흔들 변화가 이미 진행 중이며, 이 파동 이론이 그 사실을 뒷받침합니다.

현 시점은 단기 파동과 장기 파동이 서로 다른 방향으로 움직이는 모습이 뚜렷하게 확인되고 있습니다. 즉, 3년 주기의 경기 사이클(키친파동)은 둔화 국면에 접어들었으나, 10년 이

---

[2] 키친 파동: 약 3~5년 주기의 단기 경기 순환. 재고 조정과 생산 계획에 따라 경기가 변동하며, 중앙은행의 통화 정책과 맞물려 실물 경제 흐름을 이해하는 데 유용한 지표다.

[3] 주글라, 쿠즈네츠, 콘트라티예프 파동: 각각 10년(기업투자), 20년(건설·인프라), 50년(기술혁신)을 주기로 설명되는 중장기 경기 순환 이론. 산업구조의 장기 흐름과 기술 주기의 해석에 활용된다.

세 가지 순환 파동의 이해: 경기↓, 투자↑, 기술혁신↑

[경기] 키친 파동(3Y): 기업 생산 활동이 주도한 실물 경기 순환 파동

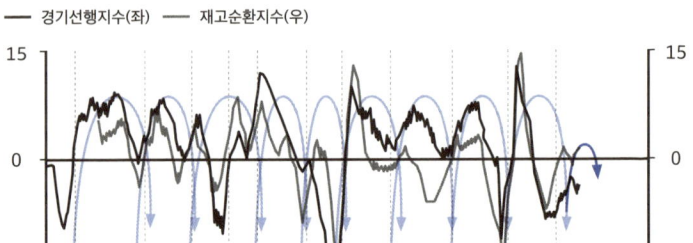

[투자] 주글라/쿠즈네츠 파동(10~20Y): 기업 설비투자, 인프라 기반 확충

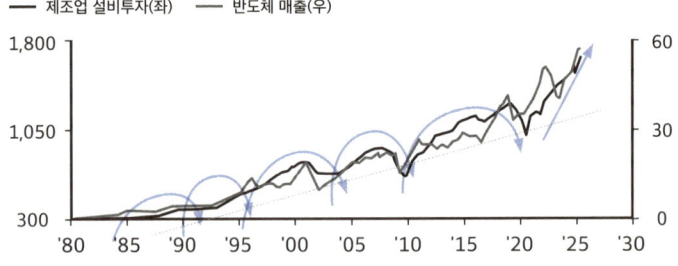

[기술] 콘트라티예프 파동(30~50Y): 기술혁신, 정보통신, 모빌리티

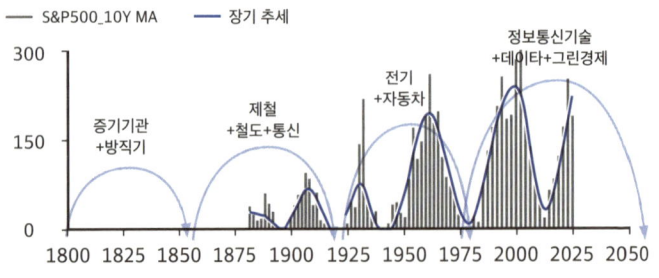

출처: 신한투자증권

상의 투자(주글라 쿠즈네츠파동), 기술혁신 파동(콘트라티예프)은 오히려 정점을 향해 확장되고 있습니다.

물론 실물경기와 기업이익이 완전히 분리될 수는 없습니다. 하지만 지금의 기업 실적은 경기보다 기술혁신과 투자 확대 사이클의 영향을 더 강하게 받고 있으며, 장기적 상승 경로를 그리고 있습니다.

피부에 와닿는 예시를 들어보겠습니다. 현재 한국 개인 투자자들이 가장 많이 보유한 미국 주식은 엔비디아, 테슬라, 마이크로소프트 등의 기술주입니다. 이들 기업의 주가와 실적은 미국의 고용지표, 연준의 통화 정책, 트럼프의 관세 정책 등에 영향을 받지 않고 있습니다.

다소 과격한 표현일 수 있지만, 단기적인 거시경제 불안 요인만으로 투자 결정을 내릴 필요는 없습니다. 이들 기업은 기술혁신이라는 장기 사이클에 편승해 성장하고 있기 때문입니다.

특히 AI 기술혁신을 중심으로 형성된 이른바 M7[4] 기업들이 S&P500 전체 이익 성장의 70% 이상을 차지하고 있다는 점은, 이들이 단순한 기술주를 넘어 새로운 경제 질서를 형성하는 '대순환(Mega Cycle)'의 핵심 축이라는 사실을 상징합니다.

---

[4] M7(Magnificent 7): 2020년대 글로벌 증시를 주도한 대표 빅테크 7개 기업(애플, 마이크로소프트, 엔비디아, 아마존, 구글, 메타, 테슬라). AI 기술 채택과 플랫폼 장악력을 기반으로 주도주 역할을 해왔다.

한국 주식시장의 시가총액 순위 변화도 이러한 변화를 뒷받침합니다. 수출 둔화와 장기 내수 침체 우려 속에서도 반도체, 조선, 방산, 기계 등 산업재 업종의 비중이 빠르게 상승하고 있습니다. 이는 장기 파동의 핵심인 투자 확대 사이클(주글라 파동)의 수혜이자, 기술혁신 침투율 확대 사이클(콘트라티예프 파동)의 수혜로 해석할 수 있습니다.

관세전쟁의 역설, 기술혁신 가속화 시대의 도래

트럼프 위기, 역발상적 접근이 필요하다

트럼프의 관세 정책은 기술혁신에 어떤 영향을 미칠까요? 관세 정책은 마치 동전의 양면과도 같습니다. 파괴는 새로운 혁신의 기회로 작용하기 때문입니다.

트럼프 2기의 고율 관세와 글로벌 공급망의 교란은 수입 물가 상승과 생산비용 증가, 구매력 약화에 따른 소비 둔화와 교역 축소를 유발합니다. 이러한 관세 충격은 글로벌 공급망 전반에 걸쳐 생산 원가를 끌어올리며, 인플레이션과 경기 둔화를 동시에 유발하는 이중 충격으로 작용합니다.

이는 피해갈 수 없는 위험입니다. 미국 국채금리 급등, 달러 약세, 주식시장 변동성 확대, 금 가격의 역사적 랠리 모두 기존 경제 질서가 흔들리고 있다는 시장의 위기의식을 반영합니다. 하지만 **장기적 시각에 근거한 역발상적 접근도 필요합니다. 과거 반복된 인플레이션 위협은 오히려 산업의 구조조정과 기술혁신을 촉진하는 계기로 작용했기 때문**입니다.

인플레이션은 통화 긴축과 금리 인상으로 연결되고, 이는 자본 조달 비용을 상승시켜 부채 부담을 가중시킵니다. 수요가 둔화되는데 생산비용은 상승하고 부채부담까지 확대되는 3중고의 우려에 처하게 되는 것이죠. 그 결과, 인플레이션 시기에는 범용산업이나 부실기업 경영환경은 급격히 악화되고 기업 파산과 구조조정이 본격화됩니다.

인플레이션이 야기한 구조조정은 생존의 퇴출과 생존의 두 갈래길로 나뉘게 됩니다. 공급 과잉 산업과 낮은 생산성, 경쟁 과잉 기업의 퇴출은 가속화되죠. 반면 원가 상승을 판매가격에 전가 가능한 경제적 해자(경쟁우위)[5] 보유 기업이나, 생산성 개선(기술혁신)[6]에 성공한 기업은 생존해 자원이 재분배되

---

5 경제적 해자: 경쟁자가 침범하기 어려운 기업의 진입장벽. 원천기술, 신뢰도 높은 브랜드, 규모의 경제 등으로 지속적 수익창출이 가능한 기업을 지칭한다.
6 생산성 개선: 기술혁신을 통해 동일한 자원으로 판매가격을 낮추고, 더 많은 가치를 창출하는 구조. IT 및 물류 혁신과 AI 도입이 대표 사례로 기업의 수익성과 국가의 성장 잠재력을 결정짓는 핵심 요인이다.

는 구조 재편이 진행됩니다. 이후 인플레이션은 진정되고 경기 회복이 시작되면 생산성 개선에 성공한 기업은 장기 호황의 수혜를 독식하는 구조로 이어집니다.

위기를 기회로 만든 역사적 사례들

경제적 해자를 보유하고 생산성 개선에 성공한 기업들은 구조조정 이후 성장의 과실을 독점해 왔습니다. 이를 뒷받침하는 역사적 사례들을 살펴보겠습니다.

1970~1980년대 진행된 1·2차 오일쇼크는 강력한 인플레이션을 촉발했고, 이를 억제하기 위한 고금리 정책은 미국, 유럽, 일본 등 선진국 다국적 기업 모두에게 구조조정을 요구했습니다.

특히 미국은 저부가가치 범용 제조업 부문에서 혹독한 구조조정을 경험했습니다. 고금리 부담까지 더해지며 한계기업들이 잇달아 파산했고, 실업률 역시 급등했죠. 하지만 그 이면에는 새로운 성장 동력이 싹트고 있었습니다.

서비스업, 반도체, 소프트웨어 중심으로 산업의 고도화가 동시에 진행됐습니다. PC 보급 확산과 함께 인텔, HP, IBM, 마이크로소프트 같은 기업들이 급성장했고, 유통산업에서는

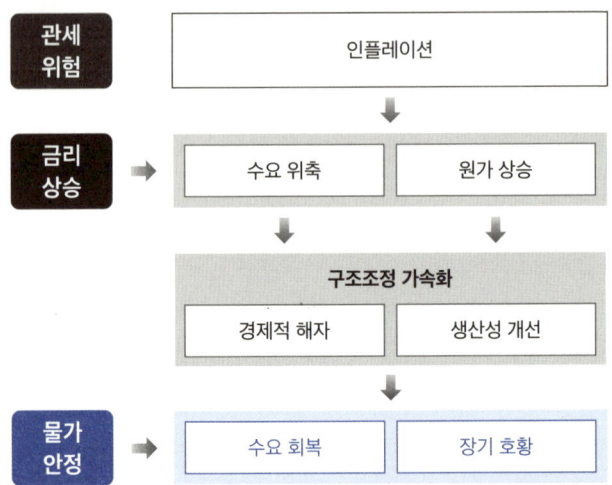

출처: 신한투자증권

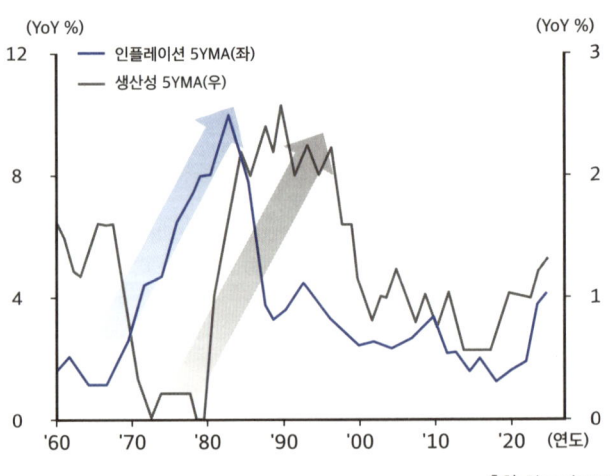

출처: Bloomberg, LSEG

물류 시스템 혁신과 재고관리 효율화에 성공한 월마트가 구조조정 생존자로 남아 이후 미국 소비 확대의 최대 수혜 기업으로 자리 잡았습니다

1970~1980년대 인플레이션이 성장의 초석이 되었던 국가는 일본입니다. 일본은 생산비용 절감을 위해 미국과 유럽의 현지 생산기지 구축과 JIT(Just In Time, 적시생산시스템)를 통한 재고 수준 최소화로 최적화된 생산망으로 빠르게 진화했습니다. 더 나아가 정밀기계, 소부장(소재, 부품, 장비) 분야에서 고도화 수요를 충족하는 중간재 생산을 통해 첨단기술 침투율 확대에까지 동참했습니다.

연비 개선과 내구성, 소비자 요구를 충족하는 고품질 소형차에 집중한 도요타(Toyota)를 중심으로 일본 자동차 산업의 부흥이 시작되었습니다.

반면 미국 자동차 산업은 빅3(GM, 포드, 크라이슬러)를 중심으로 쇠락의 길로 접어들었습니다. 수익성이 높은 대형차 생산에 고집을 꺾지 않았고, 뒤늦은 차량 품질과 연비 개선 속도까지 미진했습니다.

결국, 1970년대 중반부터 미국 자동차 시장에서 일본차의 점유율이 급격히 상승하기 시작했고, 1980년대에는 그 추세가 더욱 심화되었습니다. 크라이슬러는 1979년 정부의 구제금융을 받아야 할 만큼 심각한 위기를 겪었으며, GM과 포드

역시 대규모 손실과 구조조정을 피할 수 없었습니다. 자동차 산업의 종주국이던 미국의 영광은 그렇게 무너졌습니다.

결국 생존한 기업만이 모두를 독식한다

트럼프의 관세 정책과 미국 주도의 공급망 재편은 한국을 비롯한 다국적 기업 경영환경에 중대한 위험으로 작용하고 있습니다. 하지만 위기는 결국 생존한 승자의 독식을 의미합니다. 과거 오일쇼크의 경험처럼, 이번 관세 충격과 공급망 재편도 궁극적으로 범용산업의 구조조정과 AI를 통한 기술혁신과 생산성 개선의 시험대가 될 것입니다.

기업의 생산성 개선이 관건입니다. 향후 AI 침투율이 기업 중심으로 빠르게 확산될 가능성에 주목할 필요가 있습니다.

지금까지 AI산업의 성장이 소비자 중심의 생성형 AI 형태였다면 앞으로는 기업 중심의 생산, 물류, 금융, 의료, 교육 등 전 산업 영역으로 확산될 가능성이 높습니다. 기업 입장에서 AI 채택은 초기 재무지출 확대와 생산 안정성 모두에 저항을 가져오겠지만, 초기 고비용 구조 속에서도 경쟁력을 강화하기 위한 필수 인프라가 될 것입니다.

기술혁신의 큰 물결 속에서 AI 플랫폼을 구축한 테크기업과 AI 채택을 통해 생산성 혁신에 성공한 기업은 향후 수십 년간의 수익을 독점할 것입니다. 이번 위기를 기회로 전환한 소수의 기업이 AI 확산 이후 산업 지형을 다시 그릴 시점입니다.

AI, 메가사이클의 서막

AI산업, 아직 시작도 안 했다

현재 AI는 어느 단계에 와 있을까요? 체감적으로도 현재 수준의 AI는 초기 인프라 구축 단계에 머물러 있습니다. 쉽게 말해 아직 기초 공사가 한창 진행 중인 단계라는 뜻입니다. 이는 향후 AI의 보급률이 가파르게 확대될 수 있다는 낙관적 전망으로도 이어집니다.

물론 비관론도 팽배합니다. 과도한 낙관에 치우쳐 있던 첨단기술이 기술 진보의 한계에 봉착하고, 보급률 정체까지 겪으며 주가 하락으로 이어진 사례도 적지 않습니다. 2차전지,

전기차, 태양광, 풍력, 메타버스, AR/VR 산업이 대표적인 사례입니다.

현재 생성형 AI의 침투율은 챗GPT 활성 사용자를 기준으로 했을 때 약 9.8%로 추정됩니다. 기업의 AI 채택률은 78~85%에 달하지만, 이는 ERP(기업자원관리), CRM(고객관계관리), 디자인, 마케팅 등 일부 제한된 분야에 국한된 수치입니다. 설계, 제조, 유통 같은 핵심 산업으로의 보급률은 여전히 10% 수준에도 미치지 못할 것이라는 평가가 지배적입니다.

AI가 구축 중인 생태계를 'PC - 인터넷 - 스마트폰'에 준하는 메가사이클로 인식한다면, 우리는 기술 확산의 초입부에 서 있습니다. 현재 속도를 감안할 때 향후 5~10년간 AI 보급은 매우 가파르게 진행될 가능성이 충분합니다. 기존 산업의 30~50년에 걸친 성숙 단계가 AI에서는 5~10년의 압축된 형태로 급속하게 진화할 수 있다는 점에도 주목해야 합니다.

가파른 AI 확산 속도, 그 이유는?

역사적 사례를 통해 AI의 확산 속도를 가늠해 보겠습니다. 기술혁신이 대중으로 보급되는 과정은 '100만 사용자까지 도달하는 시간'으로 측정됩니다. 과거 자동차는 62년, 라디오는

38년, 인터넷은 7년, 스마트폰은 5년이 걸렸습니다. 하지만 챗GPT는 단 5일 만에 100만 명, 불과 2개월 만에 1억 명의 사용자를 돌파했습니다. AI 확산이 가파른 이유는 크게 세 가지입니다.

☑ **첫째, 이미 구축된 기반 시설을 활용하기 때문입니다**

AI는 인터넷, 클라우드 컴퓨팅(인터넷 기반 컴퓨팅 서비스), 빅데이터 등 이미 구축된 디지털 인프라 위에서 작동합니다. 이는 신기술 확산에 필요한 인프라 구축 기간을 대폭 단축시키는 역할을 합니다.

☑ **둘째, 하드웨어와 소프트웨어가 동시에 발전하고 있습니다**

AI는 하드웨어, 소프트웨어, APP(앱) 등의 확장 기술과 긴밀히 연계되어 있습니다. GPU(그래픽처리장치) 성능은 무어의 법칙[7]을 뛰어넘는 속도로 향상되고 있으며, AI 모델의 오픈소스화(무료 공개)는 진입장벽을 낮추고 전 세계 개발자의 협업을 촉진하고 있습니다.

---

[7] 무어의 법칙: 도체 집적도가 18~24개월마다 2배씩 증가한다는 인텔 창업자 고든 무어의 예측으로 반도체 기술의 발전 속도를 나타내는 대표적 법칙이다. AI 시대 반도체 연산 능력과 전력 수요가 급등하면서 GPU 성능 개선이 과거 법칙을 뛰어넘고 있다.

☑ **셋째, 천문학적인 자본이 집중되고 있기 때문입니다**

미국 빅테크는 AI 인프라 구축과 모델 훈련에만 연간 2,000억 달러(약 275조 원) 이상을 투자하고, 중국은 국가 전략 차원에서 천문학적인 정부 및 민간 투자를 집행 중입니다. 한국 또한 민간 주도로 100조 원 규모의 AI 인프라 및 기술 개발을 준비하고 있습니다.

S-커브로 보는 AI산업의 성장 경로

향후 AI 기술의 진화와 대중 확산은 어떤 경로를 따를까요? 이 질문에 답하기 위해 기술 확산 곡선인 S-커브[8]를 통해 AI 산업의 성장 경로를 예측해 보겠습니다.

S-커브란 첨단기술이나 혁신적 제품이 시간의 흐름에 따라 시장에 스며들고 확산되는 과정을 그래프로 표현한 것으로 초기 완만한 도입기, 가파른 성장기, 이후 성숙기로 이어지는 S자 형태의 곡선입니다.

그렇다면 현재 AI는 어느 지점에 와 있을까요? 현재 AI는

---

8 S-커브(S-Curve): 기술 도입과 확산의 곡선을 설명하는 모델로 초기에는 느리게 확산되다가 임계점 이후 급격한 성장이 나타나며, 이후 다시 정체되는 S자 형태를 그린다. 기술혁신이 대중에 침투되는 속도와 한계점을 설명할 때 자주 이용된다.

S-커브의 초기 도입 단계(얼리어답터, 즉 새로운 기술을 빨리 받아들이는 사람들)를 지나, 가파른 상승 구간인 '초기 다수(대중들이 본격적으로 사용하기 시작하는 단계)' 국면에 진입한 것으로 평가됩니다. AI는 이미 기술혁신의 완성 단계인 '티핑포인트(임계점)'를 넘어선 상태로 판단되며, 향후 2~3년이 가장 역동적인 확산기가 될 것입니다.

2028년 전후로 성숙기에 접어들 것이라는 예측도 제기됩니다. 전통적인 S-커브에서는 성숙기에 성장이 둔화되지만, AI는 지속적인 기술 발전과 새로운 응용 사례의 등장으로 인해 성숙기 이후에도 성장이 재점화되는 '미니 S-커브'의 연속

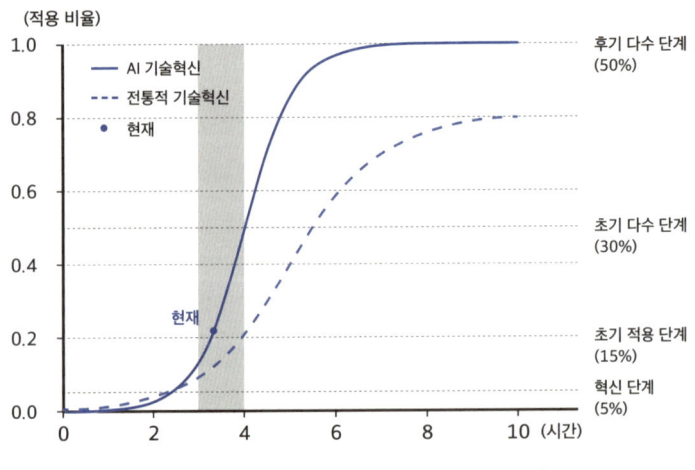

구도로 이어질 가능성도 존재합니다.

기술혁신의 미래 경로를 단정할 수는 없겠지만, AI는 과거 거대 기술 변화와 비교해도 가장 빠른 보급 속도를 보이고 있으며, 천문학적 자금 투입과 글로벌 디지털 인재의 집중으로 더 크고 빠른 기술 진화가 전개될 가능성이 큽니다.

향후 2~3년은 AI를 통한 패러다임 전환이 본격화될 시기로, AI와 전통산업의 융합을 통해 생산성 혁신이 실물 경제에 큰 영향을 미칠 것으로 전망됩니다.

AI가 주도할 5년의 강세장

'기술주 강세장은 언제까지 이어질 수 있을까요?' 투자자들과의 소통에서 빠지지 않는 질문입니다. 이번에는 주식시장 관점에서 AI의 주도력이 얼마나 진행될 수 있을지에 대한 해답을 찾아보도록 하겠습니다.

2024년 미국 주식시장은 무려 47번의 역사적 신고가를 경신했고, 2025년 9월 현재까지도 상승 흐름은 이어지고 있습니다. 더욱이 이 랠리는 미국을 넘어 유럽, 일본, 중국, 한국 등 전 세계로 확산되고 있습니다

하지만 우려의 목소리도 커지고 있습니다. 기술주 강세장

이 장기화되면서 밸류에이션(기업가치 평가) 부담이 가중되고, AI의 주도력에 대한 회의론도 고조되고 있습니다. 이번 랠리를 과거 닷컴 버블과 비교하며 경계의 시선을 보내는 투자자 역시 이제 소수가 아닙니다.

그래서 이번에는 과거 정보통신 혁명이 주도했던 강세장의 지속 기간과 기술 보급 확산 과정에서 반복된 특징들을 되짚어 보겠습니다. 이는 단순한 주식투자 판단을 넘어, 정부 정책과 기업의 사업 포트폴리오 전환에도 중요한 시사점을 제공할 수 있습니다.

역사를 통해 패턴을 찾아보겠습니다. 과거 30~50년 단위의 정보통신 기술혁신은 [1890년 상업용 전화] → [1930년 라디오와 TV] → [1990년 인터넷과 PC] → [2015년 플랫폼 경제와 클라우드] → [2023년 챗GPT 출시]가 대표적인 사례가 됩니다.

여기서 중요한 발견이 있습니다. 과거 새로운 정보통신 기술은 단발성 버블로 끝나지 않고, 파동처럼 확산되며 강세장을 이끌어 왔다는 점입니다. 혁신적 통신기술의 발전은 ① 새로운 인프라 확충 → ② 진화된 기기의 보급 → ③ 콘텐츠 및 광고의 수익화라는 세 가지 단계를 거치며, 새로운 생태계를 완성하는 특성을 보여왔습니다.

구체적인 사례를 찾아보겠습니다. 1920년대 라디오-TV

통신망의 구축과 보급은 방송국(플랫폼) 간 경쟁을 촉발시켰고, 이는 곧 광고시장 성장과 소비시장 확대로 이어졌습니다. 이후 인터넷과 PC의 상업화, 피처폰에서 스마트폰으로의 진화는 온라인 플랫폼 시대 개막으로 이어졌고, 이는 생성형 AI를 가능케 한 데이터 축적의 기반이 되었습니다.

가장 흥미로운 점은 이러한 기술혁신이 '5년 주기의 강세장'으로 주식시장에 반영되었다는 사실입니다. 1995년 인터넷과 PC, 2016년 빅테크 중심의 플랫폼, 2023년 생성형 AI 사이클은 기술혁신의 본질은 물론 주도 업종의 전개 양상까지도 유사한 궤적을 보였습니다.

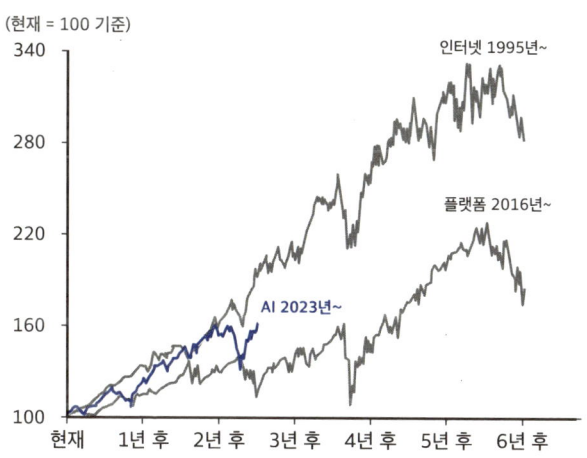

출처: Bloomberg, LSEG

그렇다면 현재 우리는 어디에 위치해 있을까요? 만약 AI가 주도한 강세장 패턴이 과거와 유사한 경로를 따른다면, 지금은 강세장 2년 차 후반부이고 향후 2년 이상의 강세장 여력이 남아 있을 수 있습니다. 차이를 찾자면 기술혁신이 생산성 개선과 산업 생태계를 구축하는 속도는 과거보다 더욱 가팔라지고 실물 경제의 영향력은 더욱 높아져 있다는 긍정적 환경뿐입니다.

물론, 주가의 미래는 누구도 단정할 수 없습니다. 과거의 경험으로 현재를 확정할 수도 없습니다. AI의 파급력 못지않게 트럼프발 정책 불확실성, 누적된 부채로 인한 금융 리스크, 지정학적 긴장 등 다양한 리스크도 존재합니다.

그럼에도 불구하고 AI가 주도한 현재의 주식시장 강세는 과거 기술혁신에 기반한 5년 주기 강세장의 경험, 그리고 AI 발전 단계에서 나타난 수익성과 파급력까지 고려할 때 단기 내에 쉽게 꺾일 가능성이 높지 않다고 판단됩니다.

지금은 맹목적 낙관론도, 과도한 비관론도 경계해야 하는 시기입니다. AI가 이끄는 강세장은 과거 기술 기반 상승장과 비교해도 속도, 수익 창출 능력, 산업 적용의 실효성 면에서 확연히 차별화된 특징을 갖고 있습니다. 이는 실질 산업 혁신과 결합된 장기 성장의 가능성을 보여주는 새로운 국면에 진입했음을 의미합니다.

끝으로 주목할 점이 하나 더 있습니다. AI가 주도한 기술혁신 경로의 연속성 속에서 '주도주의 교체 가능성'에도 주목해야 합니다. 현재까지 주식시장에서 AI 인프라 조성 초기 단계에서는 반도체, 전력 등 데이터센터 중심의 종목들이 주도했다면, 앞으로는 AI 보급률이 본격 확대되는 국면에서 응용·활용 기업들이 새로운 수혜의 중심이 될 가능성이 높기 때문입니다. 관련 산업들의 이야기는 뒷장에서 좀 더 자세히 다뤄 보도록 하겠습니다.

AI 넥스트 스테이지, 기술혁신의 다섯 가지 단계

모든 기술혁신에는 일정한 패턴이 존재했습니다. 하나의 기술이 산업으로 확산되고, 이를 금융시장이 소화하는 과정은 다섯 가지 명확한 단계를 거쳐왔죠. 바로 [기술혁신] → [투자 확대] → [캐즘과 공급과잉] → [가격 하락과 대중화] → [융합과 고도화]입니다.

이 사이클을 이해하는 것은 AI 시대 대응 전략 수립에 중요한 통찰을 제공할 수 있습니다. 각각의 단계를 좀 더 자세히 살펴보도록 하겠습니다.

기술혁신의 5단계

☑ **1단계: 기술의 개화 - 모든 것은 '비용'에서 시작된다**

기술은 언제나 '비용'에서부터 시작됩니다. R&D(연구개발)는 시간과 인력, 자본이라는 초기 비용을 요구하고, 이렇게 누적된 투자가 기술로 결실을 맺는 순간, 새로운 국면에 진입합니다. 기술이 대중 앞에 등장하며 세상을 놀라게 하고, 금융자본은 이에 즉각적으로 반응합니다. 이때가 바로 첨단기술의 개화기입니다.

☑ **2단계: 투자 확산 - 기대감이 폭발하는 시기**

기술이 가져올 변화에 대한 낙관적 기대는 주식시장에 빠르게 반영됩니다. 주가는 속등하고, 기업들은 앞다퉈 신기술 확보에 나서며 인프라와 설비투자가 확대됩니다. 정부는 첨단기술 패권 확보를 위해 재정 지원에 나서고, 자본시장은 풍부한 유동성 속에서 새로운 기술에 아낌없이 자금을 배분합니다. 실제로 이 시기 빠른 기술 보급 속도는 시장의 기대를 뒷받침하는 실질적 근거로 작용하기도 합니다.

☑ **3단계: 캐즘과 공급 과잉 - 현실의 벽에 부딪히는 순간**

그러나 기대가 과열로 바뀌는 데는 오랜 시간이 걸리지 않

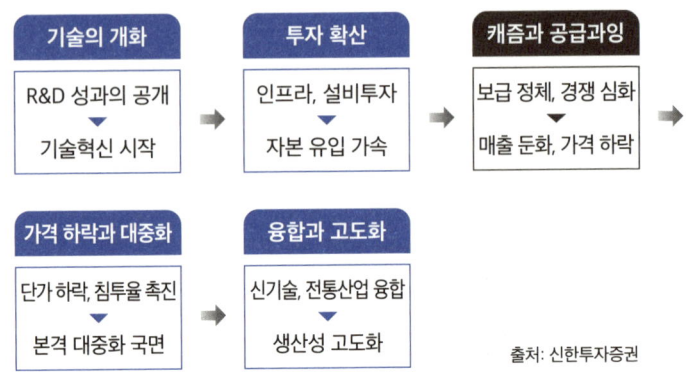

습니다. 기술 수용 속도를 초과한 투자는 성장 속도가 정체되는 캐즘(Chasm)[9]에 직면합니다. '캐즘'이란 무엇일까요? 이는 혁신적인 기술이 초기 사용자들(얼리어답터)을 넘어 일반 대중에게 확산되는 과정에서 일시적으로 수요가 정체되는 현상을 말합니다. 보급률이 둔화되며 공급 과잉은 현실화됩니다. 기술의 진입장벽은 낮아지고, 경쟁자는 늘어나며, 기술은 점점 누구나 쓸 수 있는 범용 단계에 진입합니다. 기업은 마진 압박(수익성 악화)과 실적 둔화를 경험하게 되고, 주가 조정은 피할 수 없게 됩니다.

---

[9] 캐즘: 신기술이 얼리어답터에서 대중으로 확산되는 과정에서 일시적으로 수요가 정체되는 현상이다. 기술 확산 이론에서 가장 위험한 구간으로 주가 하락도 진행된다. 가격 하락이 진행되고 대중화의 기회로 작용하지만 많은 기술기업이 이 단계에서 실패한다.

☑ **4단계: 대중화 - 역설적 기회의 시작**

이 시점은 기술이 쇠퇴하는 단계가 아닙니다. 낮아진 가격은 오히려 기술의 시장 침투를 가속화시키는 동력이 되며, 기술은 점차 전통산업과 융합의 단계로 진입하게 됩니다.

☑ **5단계: 융합과 고도화 - 진정한 혁신의 완성**

바로 이 시점이 대중화와 고도화의 완성 단계가 됩니다. 기존 기술이 생산성을 끌어올리고, 새로운 산업 구조 속에서 진정한 혁신의 성과가 드러나는 국면이기 때문입니다.

주식시장은 이러한 단계별 변화 속에서 변동성이 반복되나 이는 사실상 '주도주 교체' 과정을 의미합니다. 초기에는 기술 그 자체에 대한 기대감이 주가를 이끌었다면, 이후에는 기술을 실질적으로 활용하고 전통산업과 융합해 생산성 개선에 성공한 기업이 새로운 주도주로 부각됩니다.

결국, 금융시장은 기술혁신의 단계와 대중화 주기를 유기적 생명체처럼 자산가격에 반영합니다. 1990년대부터 진행된 PC, 인터넷, 스마트폰, 플랫폼, 클라우드 등의 대표적인 기술혁신 모두 유사한 단계를 겪었습니다.

무엇보다 중요한 것은, 주식시장이 과열과 해소를 반복하는 부침(浮沈)에도 주도주 전환 단계를 통해 장기 상승 추세가 이어졌다는 점입니다.

우리는 지금 어느 단계일까?

앞선 내용을 읽다 보면 이 질문이 자연스럽게 따라옵니다. "AI는 지금 어디까지 와 있을까?" 2023년, 챗GPT의 등장은 그동안 연구실에 머물던 AI 기술이 일반 대중에게 본격적으로 공개된 사건이었습니다. 이후 거대언어모델(LLM, 대화형 AI 기술)[10]은 놀라운 속도로 일상에 스며들었고, 이를 뒷받침하기 위해 세계 곳곳에서 초대형 데이터센터가 빠르게 세워지고 있습니다.

현재 상황을 구체적으로 살펴보면, 엔비디아 같은 GPU(그래픽처리장치)[11] 제조사나 대형 클라우드 서비스[12] 제공자 등 AI 인프라에 핵심 기술을 공급하는 업체들은 70~80%에 달하는 폭리 수준의 마진을 확보하며 기록적인 주가 상승을 보이고 있습니다.

최근 몇 년의 강세장은 데이터센터와 반도체가 주도했다고 해도 과언이 아닙니다. 구글, 마이크로소프트 같은 빅테크 기

---

10 거대언어모델(LLM): 방대한 텍스트 데이터를 학습해 문맥 기반으로 언어를 생성하는 대화형 AI 기술. 챗GPT, 제미나이(Gemini) 등을 포함한다. 생성형 AI 서비스의 기반 기술이며 AI 산업 생태계의 출발점이다.
11 GPU: AI 연산에 특화된 병렬처리 반도체. 대량의 데이터 학습과 추론에 필수적이며 엔비디아가 시장을 주도하고 있다. CPU보다 높은 연산 성능을 지닌다.
12 클라우드 서비스: 데이터 저장과 컴퓨팅 자원을 인터넷 기반으로 제공하는 플랫폼. AI 연산에 필요한 대규모 연산 인프라를 제공하며 구글, 아마존, MS 등이 선도하고 있다.

업들이 천문학적 돈을 쏟아부어 데이터센터를 짓고 AI 연구에 투자했지만, 정작 AI로 벌어들이는 직접적 수익은 마이크로소프트 기준 전체 매출의 5%도 미치지 못합니다.

현재 우리는 인프라 구축과 공급 과잉 사이의 과도기에 놓여 있습니다. 앞으로 2~3년간은 인프라 투자가 계속될 것으로 기대되지만, 수익성에 대한 의문도 동시에 커지고 있습니다. AI의 기초 모델이 발전하면서 AI 칩의 높은 마진율도 언젠가는 정상화될 수 있기 때문입니다. 이뿐만 아니라 기술 진입장벽이 낮아지며 다양한 AI 모델이 오픈소스(무료 공개)로 등장하며 경쟁이 과열되고 있습니다.

하지만 이것이 끝이 아닙니다. 가격이 하락하고 경쟁이 심해지면 오히려 기술이 더 빠르게 퍼질 수 있습니다. AI는 이제 단순한 기술 경쟁을 넘어 실제 업무 효율을 높이고 산업 구조를 고도화시키며 진화하고 있습니다. 기존 산업과 결합해 더 큰 가치를 만드는 기업들이 새로운 주도주의 자리를 넘겨받을 시점이 가까워지고 있다는 의미입니다.

AI 대중화에 갖는 확신 속에서 '주도주 교체' 시기에 선제적 준비가 필요합니다. 초기 인프라와 핵심 기술을 제공하던 기업들이 시장의 파이를 키웠다면, 이제 그 파이를 가장 혁신적으로 활용해 부가가치를 창출하는 기업들이 새로운 주도주로 부상할 가능성이 큽니다.

실제로 AI 기술은 더 이상 구독형 서비스에 머무르지 않고, 광고와 온라인 쇼핑, 그리고 기업용 업무 도구로까지 빠르게 확장되고 있습니다. 이와 함께 전력, 보안, 통신, 디지털 기기 등 주변 기술과 서비스의 수요도 크게 늘어날 것으로 예상됩니다.

결론적으로, 이제는 '기술을 만든 기업'보다 '그 기술로 가치를 창출하는 기업'에 주목해야 할 때입니다. 기술이 대중화되면 산업의 판도도 함께 바뀝니다. 투자자 역시 이 변화에 맞춰 시야를 넓히는 전략이 필요합니다.

글로벌 AI 생태계의 이해

다섯 단계로 완성되는 AI 생태계

AI 밸류체인과 산업 생태계를 이해하는 것은 기술 경쟁과 산업 전략을 꿰뚫는 첫걸음입니다. 이는 단순히 정부나 기업의 문제가 아니라, 우리 개인의 미래 경쟁력과도 직결되기 때문입니다.

필자가 IT 전문가는 아니지만, 투자자 관점에서 재해석한 AI산업 생태계를 바탕으로 한국의 현주소를 진단하고, 정부 주도로 진행 중인 소버린 AI 구축의 필요성과 성공 가능성까지 살펴보고자 합니다.

AI 밸류체인은 크게 인프라와 비즈니스 두 축으로 구분됩니다. AI가 만들어지고 활용되는 과정을 마치 '생산 공장'처럼 상상해 보면 이해가 쉽습니다. 이 공정은 다음과 같은 다섯 단계를 거쳐 완성됩니다.

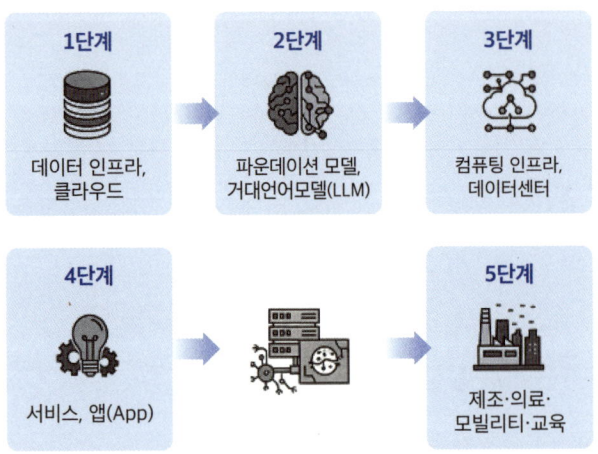

각 단계는 다음과 같은 흐름을 가집니다. 우선 데이터 인프라는 방대한 데이터를 수집·저장하는 클라우드 환경을 의미합니다. 이 데이터를 활용해 파운데이션 모델(LLM)이 학습되며, 데이터센터 기반의 컴퓨팅 인프라가 학습과 추론을 뒷받침합니다. 이렇게 도출된 결과물은 앱을 통해 서비스로 구현되고, 개인의 창작 활동에 사용되거나 기업의 제조, 의료, 교육 등 물리적 산업으로까지 확장됩니다.

AI 밸류체인의 핵심, 인프라 주권

AI 밸류체인에서 가장 주목해야 할 부분은 단연 인프라입니다. 전문가들이 "Computing is the new currency(컴퓨팅이 새로운 통화다)"라고 강조할 만큼, 데이터의 총량과 클라우드의 저장장치, 그리고 이를 학습하는 데이터센터는 국가 및 기업 경쟁력 평가의 새로운 지표가 되었습니다.

왜 이렇게 인프라가 중요할까요? AI 모델의 정교함이 커질수록 연산 자원은 기하급수적으로 늘어나기 때문입니다. 컴퓨팅이 풍부하고 연산 비용이 저렴할수록 더 많은 개발자가 더 빠른 혁신을 이룰 수도 있습니다. 오늘날 AI 패권 경쟁은 사실상 'AI 인프라 주권을 누가 더 빨리 확보하느냐'의 문제로 귀결될 것이라는 경고는 과장이 아닐 것입니다.

AI 생태계에는 인프라 외에도 다양한 요소들이 필요합니다. AI가 실질적인 산업 생태계로 확장되려면 수평적 기반의 요소들이 뒷받침되어야 합니다. 예를 들어 전력망은 클라우드와 데이터센터의 안정적인 운영을 위한 필수 인프라이며, 6G와 위성통신 같은 초저지연 네트워크는 실시간 AI 서비스를 구현하는 데 핵심적인 역할을 합니다.

동시에 주의해야 할 영역도 있습니다. 사이버 보안과 사회적 윤리, 그리고 정부의 규제 범위 역시 매우 민감한 부분입니다. AI 연산 능력이 높아질수록 모델 해킹, 데이터 프라이버시, 저작권 문제는 AI 확산을 가로막는 장애물로 작용할 수 있기 때문입니다.

AI 생태계가 최종 단계에 도달하면 각종 기기들이 AI 추론 기능을 자체적으로 수행하게 됩니다. 예컨대 개인용 컴퓨터, AI 스마트폰, 챗봇, 자율주행 시스템, 음성인식 로봇 등이 그 역할을 맡게 되며, 생태계 구성요소 간의 연결성도 훨씬 더 긴밀해질 것입니다.

다만 현재 상황은 이런 이상적인 그림과는 거리가 있습니다. AI 모델의 성능 개선 속도에 비해, 이를 뒷받침할 데이터, GPU, 전력망, 보안, 통신 인프라 등은 성장 속도가 뒤쳐져 있는 것이 현실입니다. 이처럼 모델은 앞서고 인프라는 따라가지 못하는 구조적 비대칭이 AI 생태계의 가장 큰 현실적 리스크로 남아 있습니다.

미국과 중국이 과점하는 AI 생태계

세계 AI 패권 경쟁의 현주소를 살펴보겠습니다. 미국과 중국의 AI 구축 현황을 보면 그 차이를 확연히 체감할 수 있습니다.

미국 빅테크 기업들은 클라우드 사업부, 데이터센터, GPU 공급망, 파운데이션 모델 개발을 하나의 밸류체인으로 통합해 AI 생태계의 전 과정을 장악하고 있습니다. 이러한 압도적인 우위는 막대한 자본력, 유연한 정책 지원, 빠른 인허가 속도에 기반합니다.

AI 인프라는 이미 빅테크 기업들이 보유한 클라우드 위에서 구동되며, 미국은 이를 바탕으로 생태계 전체를 수직 계열화할 수 있었습니다.

구체적인 수치를 보면 그 우위는 더욱 명확해집니다. 미국은 전 세계 클라우드 시장의 70%를 과점하고 있으며, 이를 기반으로 데이터 저장, 연산, 추론, 응용으로 이어지는 수직 통합 구조를 구축했습니다. 연산 성능이 높아질수록 학습 결과물의 품질은 높아지고, 이는 국제 표준화 가능성까지 열어줍니다.

미래 투자 규모 역시 압도적입니다. 마이크로소프트, 구글, 메타, 아마존 등 대표 빅테크 기업의 2025년에 예정된 AI 관련 설비 투자 금액은 700~900억 달러(약 90~120조 원)에 달하며, R&D 지출은 300~500억 달러(약 40~70조 원)에 이릅니다. 빅테크 한 개 기업의 연간 인프라 조성 및 모델 구축 비용은 후발 국가 전체의 AI 지출 총액을 상회하고, 한국 정부의 AI 장기 목표 정책인 100조 원을 초과하는 수준입니다.

그렇다면 중국은 어떨까요? 중국의 AI 전략은 미국과 전혀 다른 길을 걷고 있습니다. 정부의 대규모 재정 지원과 장기 정책을 통해 미국의 기술 규제와 GPU 부족 문제를 보완하며, 파운데이션 모델과 응용 분야에서 미국과 견줄 만한 성과를 내고 있습니다.

중국의 독특한 접근법 중 하나는 '동부 데이터, 서부 연산'[13] 이니셔티브입니다. 이를 통해 분산된 7,000여 개의 데이터센터를 통합하고, 공공 데이터를 민간에 공유함으로써 학습 데이터의 품질을 끌어올렸습니다. 이는 파운데이션 모델의 정밀도를 높이고, 추론 성능을 획기적으로 개선하는 기반이 되었습니다.

중국의 인재 전략도 독특합니다. 최근 화제가 된 다큐멘터리 방송 '공대에 미친 중국'은 의대 중심의 한국 교육 현실과 대비되며 사회적 반향을 일으켰습니다. 중국은 매년 수백만 명의 STEM(과학·기술·공학·수학) 전공자를 배출하며, AI 연구자 인해전술, 특허 등록, 논문 수 등에서 양적 우위를 확보하고 있습니다.

하드웨어 측면에서는 GPU 수입 통제와 제조 열세에도 불

---

[13] 동부 데이터, 서부 연산: 중국 AI 발전의 핵심 전략 중 대표적 인프라 구축 전략이다. 동부 연안의 도시 지역에서 풍부한 데이터를 수집, 전력이 저렴한 서부 지역을 통해 학습하며 효율성을 극대화하는 정책이다.

구하고, 통신 기술과 시스템 통합 역량으로 효율적 설계 전략을 구사하고 있습니다. 일례로 딥시크 모델은 2,000개의 GPU와 560만 달러(원화 약 75억 원)로 대형 모델을 학습시켰는데, 이는 오픈AI가 GPT-4 훈련에 투입한 비용의 20분의 1 수준으로도 경쟁력 있는 AI 모델을 만들 수 있음을 보여줍니다.

가장 두드러지는 강점은 응용 단계의 확산력입니다. DJI는 글로벌 드론 시장의 85%를 점유하며 세계 표준을 주도하고 있고, 이항(Ehang)은 UAM(도심항공교통) 택시의 상용화 단계를 눈앞에 두고 있습니다. 산업용 로봇시장에서도 중국은 세계 최대 규모를 자랑하며, 2025년 AI+로봇 분야에만 약 730억 위안(100억 달러) 규모의 투자가 이뤄졌습니다.

더욱 놀라운 것은 AI 생태계 통합 능력입니다. 중국은 스마트폰, 가전, 자율주행차, 스마트홈까지 자체 설계한 칩과 자체 파운데이션 모델로 연결되는 AI+IoT(사물인터넷) 융합 생태계를 세계 최초로 구축했습니다. 샤오미, 화웨이, BYD는 각각 스마트폰 → PC → 전기차 → 가전으로 이어지는 완결형 AI 생태계를 갖추었으며, 이는 애플과 테슬라도 아직 완성하지 못한 영역입니다.

중국의 성과를 종합해 보면 미국의 전면적인 규제에도 불구하고 중앙 정부의 전면적이고 다층적인 지원 아래 ① 데이터 인프라와 응용 생태계에서 폭발적인 확산력, ② 연구 인력과 특허에서의 양적 우위, ③ 하드웨어 설계 효율화, ④ 드론·로봇·자율주행 등 응용시장의 빠른 상용화라는 네 가지 측면에서 완성형 단계의 산업 생태계를 조성했다고 판단됩니다.

2025년 말, 〈제조 2025〉 정책이 성공적으로 임무를 완수한 이후에는 AI 보급률 확대를 위한 장기 전략의 구체적인 로드맵이 제시될 가능성도 제기되고 있습니다.

한국형 AI, 소버린 전략의 성패는?

소버린 AI 구축의 국가 대전략이 시작됐다

이번 장은 국가의 명운이 달린 문제입니다. 업계 종사자 수준의 이해도가 필요하나, 그만큼의 중요성이 존재하기에 가감 없이 설명해 보고자 합니다.

최근 한국 정부와 재계의 핵심 화두는 바로 **'소버린 AI 구축'**[14]입니다. 다소 생소할 수 있는 개념이지만, 우리가 앞으로

---

14 소버린 AI: 한 국가가 독자적으로 통제 가능한 인공지능 생태계를 뜻하며 데이터, 연산기술, 산업 주권이 통합된 독자적 AI 국가 전략. 한국 미래산업의 명운이 달린 중대 프로젝트로 회자되고 있다.

맞이할 기술 주권 시대에 있어 결코 가볍게 넘길 수 없는 중요한 키워드입니다.

소버린 AI는 '주권을 가진'이라는 의미의 소버린(Sovereign)에 AI를 결합한 개념으로, 독자적으로 통제 가능한 인공지능 생태계를 의미합니다. 독자적 통제란 단순한 알고리즘 개발을 넘어 데이터의 수집과 활용 권한, 이를 연산하는 컴퓨팅 인프라, 산업으로의 응용 능력까지 포괄하는 구조입니다. 쉽게 말해 소버린 AI는 데이터 주권, 기술 주권, 산업 주권이 통합된 차세대 국가 전략이라 할 수 있습니다.

소버린 AI는 단순한 기술 자립을 넘어, 국가 안보와 공공 서비스의 자율성을 지키는 핵심 인프라로 인식되고 있습니다. 하버드대 교수이자 정치학자인 조지프 나이는 "AI는 단순한 기술이 아닌, 국가의 전략적 자산이자 권력의 도구"라고 평가했고, 일부에서는 소버린 AI를 디지털 시대의 '핵 보유국' 지위에 비유하기도 합니다. 실제로 유럽과 중동의 전쟁 사례가 AI 인프라와 기술력이 전장의 성패를 좌우하고, 사이버 안보와 AI 산업의 확장력이 첨단기술 패권에 직접적인 영향을 미치고 있음을 보여줍니다.

그러나 소버린 AI 구축의 길은 결코 녹록지 않습니다. 막대한 투자비용, 기술 경쟁력의 제약, 그리고 독자 생태계 구축에 따른 갈라파고스화(국제적 고립)의 위험까지 감수해야 하기 때문입니다. 지금 우리가 마주한 선택은 기술 개발의 문제를 넘어 국가 전략의 근간을 새롭게 설정하는 문제에 가깝습니다. 그리고 이 거대한 전환은 정부와 기업은 물론, 사회 전체의 동의와 지지를 바탕으로 추진되어야 할 전략적 과제입니다.

한국이 마주한 현실을 직시할 필요가 있습니다. 한국의 현주소를 미국, 중국과 직접적으로 비교하기에는 명확한 한계가 존재합니다. 실제로 보스턴컨설팅그룹(BCG)은 국가별 AI 경쟁력 평가에서 한국을 Tier 2로 분류했습니다(Tier 1은 미국과 중국). 또한 글로벌 AI 모델 50위 안에 아직 한국 기반의 LLM은 단 하나도 포함되지 못하고 있습니다.

하지만 한국만의 강점도 분명히 존재합니다. 한국은 '소버린 AI' 구축에 필요한 핵심 데이터 자원과 인프라 기술력, 그리고 글로벌 제조업과의 연계 능력을 모두 갖춘 보기 드문 국가입니다. 예를 들어 안정적인 전력망, ICT 인프라, 메모리 반도체 경쟁력, 플랫폼-콘텐츠 생태계까지 수직계열화된 가치사슬을 보유하고 있습니다.

무엇보다도 구글 생태계 바깥에서 독자적인 디지털 생태계를 유지하고 있는 거의 유일한 국가라는 점은 매우 중요합니다. 중국은 정부 주도의 폐쇄형 모델로 외국 플랫폼을 차단하며 자국 생태계를 형성했고, 일본의 '야후 재팬'은 외형상 독립적이지만 실제로 구글의 검색 엔진과 광고 시스템에 의존

합니다. 반면 한국의 네이버, 카카오톡, 멜론, 티빙 등 자생적 플랫폼은 한국의 디지털 주권을 가능케 하는 핵심 기반이며, 이는 국내 생성 데이터가 자국 내에서 축적·활용되는 자기완결형 생태계를 구성할 수 있다는 의미입니다.

그러나 현실적인 제약도 명확합니다. 가장 큰 문제는 AI 학습에 필수적인 연산 인프라의 부족입니다. 고성능 GPU 수급 경쟁에서 밀리고 있고, 데이터센터는 전력 인프라 및 부지 확보의 어려움으로 확장성이 제한되어 있습니다.

민간 기업들은 각자 자체 AI 모델 개발과 상용화에 나서고 있지만, 자원 공유나 기술 연계는 사실상 단절된 상태입니다. 특히 중견기업이나 스타트업 입장에서는 고성능 컴퓨팅 자원 확보나 전문 인력 채용 자체가 어려운 구조로, AI 산업의 진입 장벽이 지나치게 높다는 문제가 반복 지적되고 있습니다. 이러한 생태계의 단절과 고비용의 진입장벽은 소버린 AI 전략 실현에 가장 큰 위협입니다.

다행히 정부의 강력한 AI 육성 의지가 확인됩니다. 연산 주권 확보와 산업별 특화 모델 육성, 글로벌 협력 전략을 통해 소버린 AI를 국가 성장 엔진으로 삼으려는 강력한 정책 의지를 표명했습니다. 업계 최고 전문가를 대통령실과 정부 부처 수장으로 임명했고, 대규모 정책 자금 지원과 함께 AI를 국가 성장 엔진으로 삼기 위한 로드맵을 마련 중입니다.

한국형 소버린 AI 구축 전략

그렇다면 한국 정부의 소버린 AI 구축 전략은 어떻게 구체화되어야 하고, 기업은 어떤 사업 부분의 역량을 강화해야 할까요? 필자는 크게 다섯 단계의 역량을 강조하고 싶습니다.

첫째, AI 연산 주권을 확보하는 것이 출발점입니다. 글로벌 데이터센터 밸류체인은 단일 국가의 노력만으로 완성될 수 없지만, 한국이 기술 우위를 확보한 분야는 분명 존재합니다. GPU에서 시작해 HBM(고대역폭 메모리), 데이터센터, 전력망(한국 우위)까지 이어지는 밸류체인을 패키징하여, 한국이 AI 반도체 생태계의 기여도만큼 GPU 보급 우선순위 국가로 위치를 확보해야 합니다.

둘째, GPU 보급에 우선순위를 확보하고, 이를 바탕으로 국가 단위의 클라우드 기지를 조성해야 합니다. GPU 자원을 연구기관, 스타트업, 전략 산업에 차등 배분할 수 있는 연산 거래소 체계도 필요합니다. 이 과정에서 데이터센터 확장을 위한 전력망, 냉각 인프라, 사회적 동의 확보까지 포함한 구체적인 계획이 수반되어야 합니다.

셋째, 한국은 클라우드 인프라 조성의 핵심인 '건설 → 운용 → 유지(전력)' 전반에 걸쳐 기술력과 경험을 갖추고 있으며, 전력망 구축에 유리한 제조업 기반도 보유하고 있습니다. HBM

기반의 국산 추론 NPU(AI 연산 전용 칩)[15] 및 전용 SoC(시스템 통합 칩) 개발을 연계하고 있으며 이는 불가능한 도전이 아닐 수도 있습니다.

넷째, 한국의 강점은 포털, 메신저, 커머스, 콘텐츠 플랫폼 등 독자적인 디지털 인프라입니다. 이는 AI 학습에 필요한 비정형 데이터(텍스트, 이미지, 음성)의 자급자족과 해외 자본의 진입장벽 형성이라는 측면에서 전략적 자산입니다. 나아가 데이터 수급, 서비스 실험, 수익화, 보안 관리까지 국내에서 통합할 수 있는 디지털 주권의 기반이 됩니다.

마지막으로, AI와 전통산업의 융합입니다. 소버린 AI의 성공은 결국 민간의 수익화 여부에 달려 있습니다. 따라서 한국 제조업의 경쟁 우위 산업과 AI의 융합이 중요합니다. 가전, 스마트폰, 반도체 설계, 배터리, 의료, 모빌리티, 방산, 산업 자동화, 금융 등은 기술 고도화와 생산성 개선의 잠재력을 보유한 산업으로 거론되고 있습니다.

미국, 중국과의 거대언어모델을 활용한 앱, 자율주행, 로봇 등의 분야에서의 경쟁은 성공 가능성이 희박하며, 오히려 'AI-모빌리티-방산-물류-통신'과의 연계 등 특화된 전략이

---

15 NPU: AI 연산 전용 프로세서로 기존 CPU나 GPU와 달리 HBM 중심으로 AI 작업에 특화된 반도체다. 스마트폰, PC 등 개인기기에 탑재되어 온디바이스 AI를 가능케 하는 핵심 기술이다.

제시되어야 한다고 판단됩니다.

흔히 모빌리티라고 하면 육상 자율주행을 떠올리지만, 진정한 완성은 해상과 항공, 나아가 우주까지 확장됩니다. 자동차, 조선, 항공기, 위성, 물류와 방산, 통신으로 이어지는 방대한 산업 생태계에서 한국은 이미 세계적 기술 우위를 확보하고 있습니다. 여기에 AI가 결합되면, 기존 기술 우위를 더욱 강화하고 장기적으로 확장할 수 있는 기반이 마련됩니다.

Vertical LLM(산업별 특화 AI 모델)[16] 영역에서도 실행 전략이 필요합니다. 실용적인 공공 데이터의 개방과 인허가 프로세스의 유연화가 병행되어야 하며, 이를 통해 금융, 의료, 법률, 행정 등 다양한 분야에서 민간 참여가 활성화되어야 합니다. 결국 이는 소버린 AI의 활용 범위를 사회 전반으로 넓히는 중요한 전환점이 될 수 있습니다.

AI 최전선에 뛰어든 민간 스타트업들의 공통된 요구는 정부가 보유한 공공 데이터의 활용 권한 확대 등의 규제 완화입니다. 이에 더해 AI 인프라 구축과 R&D 지원 정책도 중요하지만, 보다 현실적인 부분은 정부의 직접적인 초기 수요 창출자로서의 역할론입니다. 정부가 행정 효율을 높이기 위해 AI를 도입하거나 공공 서비스에 AI를 적용하면 기업들은 투자

---

[16] Vertical LLM: 특정 산업이나 분야에 특화된 AI 모델을 말한다. 범용 LLM과 달리 의료, 금융, 법률 등 전문 영역의 데이터로 훈련되어 더 정확하고 실용적인 서비스를 제공한다.

에 대한 확신을 높이고, 이는 스타트업의 초기 매출 기반 확보에 큰 도움이 됩니다. 이는 곧 민간기업의 직접적 투자 확대로 이어지는 선순환 고리를 만들고, 벤처캐피털(VC) 등 모험 자본 유입 이후 지속 가능한 생태계를 구축하는 데 중요한 마중물 역할을 수행할 수 있습니다.

미국, 중국, 한국 AI산업 구도 상대 비교

구분	미국	중국	한국
전략 방향	초거대모델 기반 플랫폼·서비스 확장	응용산업 (드론·로봇·스마트폰) 중심 수직적 침투 확대	정부 주도 인프라 구축 산업 특화형 Vertical LLM
AI 밸류체인	빅테크 중심 초거대 생태계 완성형 AI 수직계열화	중앙정부 주도의 국가 전략 공공인프라 구축과 활용	정부 주도 인프라 지원 민간기업 적극 참여
데이터 인프라	빅테크가 자체 클라우드 고객데이터 확보	공공데이터 개방 민간 공유 국가데이터 레이크 운영	AI 허브 구축, 데이터거래소 공공데이터 순차적 운용
컴퓨팅 인프라	클라우드 시장 과점 AWS·Azure·GCP 삼각구도	'동부 데이터, 서부 연산' 7,000개 데이터센터 통합	KT·네이버·LG CNS 분산형 Hyperscale 데이터센터 건설
GPU 확보	NVIDIA GPU·AI 칩 확보 초대형 클라우드 인프라	GPU 확보의 제약 → 설계·통신과 연산 최적화	정부 주도 GPU 1만개 확보 GPU-HBM 패키징 전략
AI 모델	글로벌 표준 산업자로의 영향 오픈AI 시작으로 빅테크 확장	바이두, 알리바바, 딥시크 등 자체 모델과 오픈소스 확장	한국어 특화 LLM 중심 CLOVA X, Exaone, Mi:dm
응용 산업	클라우드·검색·생성형 구축 플랫폼, 자율주행·로봇 중심	AI-Device-IoT로의 생태계 드론/로봇/모빌리티로 확장	전통 제조업과 AI 융합 기술 우위산업 경쟁력 확보
정책/ 거버넌스	규제보다 혁신, 빠른 인허가 글로벌 스탠다드로의 영향	중앙정부 주도, 데이터·산업 인프라 통합과 재정적 지원	AI 기본법, 국가AI위원회, 연산거래소·K-Bench 도입

출처: 신한투자증권

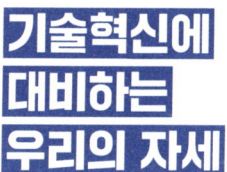
기술혁신에 대비하는 우리의 자세

AI가 불러온 산업혁명의 최정점

이 책의 마지막은 기술혁신의 미래에 대비하는 우리의 시각입니다.

어쩌면 우리는 기막힌 운을 타고난 세대일 수도 있습니다. 30년의 시간을 거슬러 올라가 보겠습니다. 제가 처음으로 접한 음악은 어머님의 LP판을 통한 올드팝이었습니다. 이후 카세트테이프, CD 플레이어, PC, MP3, 마지막으로 스마트폰까지 음원 구매 방식과 이를 보관·재생하는 기기들은 급속히 발전했고, 아날로그와 디지털을 모두 체험할 수 있었습니다. 기술혁신과 변화된 기기를 빠르게 접하며 기성세대와의 차별성, 그리고 근거 없는 우월감까지 느끼곤 했습니다. 지금은 그때의 기억과 정말 많은 점이 닮아 있습니다.

AI는 정보통신의 거대한 혁신을 의미하지만, 그보다 더 큰 시각에서의 변화를 읽어야 합니다. 지금은 '정보통신의 혁신'을 넘어 '산업혁명'의 최정점에 위치합니다.

산업혁명은 에너지(Energy) → 이동수단(Mobility) → 제조기술(Manufacturing)으로 이어지는 대전환을 의미합니다. 정보통신은 이 모든 과정을 연결하고 확장하는 수단에 불과할지 모릅니다. 각각의 대전환을 좀더 살펴보겠습니다.

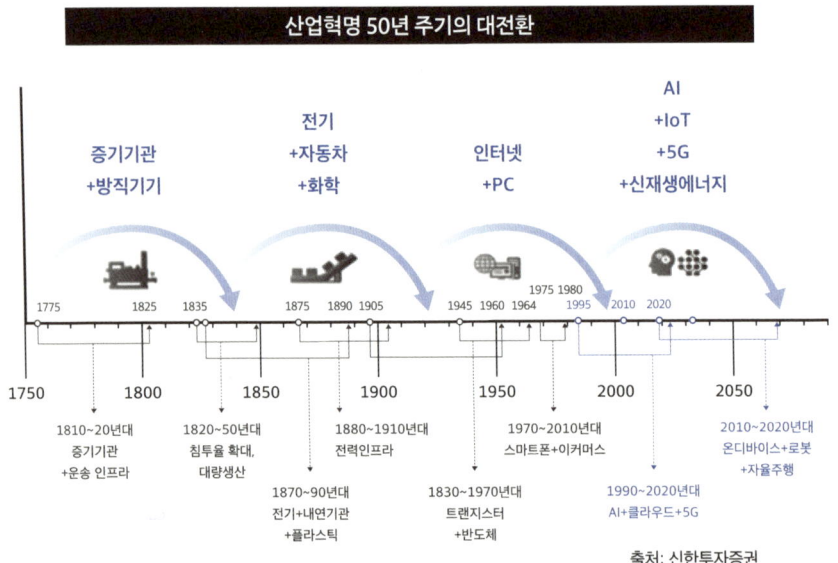

☑ 에너지: 산업혁명의 시작을 알리는 변화의 물결

모든 산업혁명은 에너지 전환으로 시작됩니다. 땔감에서 첫 번째 화석에너지인 석탄이 발명되었고, 이는 증기기관의 탄생으로 이어졌습니다. 대규모 운송수단 확보는 방직산업을 중심으로 공업화 시대를 열었습니다. 이후 석탄은 석유로 대체되었습니다. 증기기관은 내연기관으로 전환됐고, 대형 중화학 산업의 개화는 제조업 고도화로 이어졌습니다. 정보통신은 유선에서 무선, 아날로그에서 디지털, 인터넷, 모바일, 위성으로까지 발전하며 이 모든 변화를 가속화하는 동인이었습니다.

현 시점도 이와 같습니다. 과장을 더하면, AI를 통해 더 거대한 스케일과 더 빠른 속도의 변화가 진행 중일지도 모릅니다. 에너지 분야에서는 세 가지 변화가 감지됩니다.

첫째, 전통 화석에너지 공급 주체가 중동에서 미국으로 이동하고 있으며, 중동은 에너지 채굴에서 가공으로 영역을 확장하고 있습니다. 이는 한국 석유화학 산업에 큰 위협으로도 작용합니다.

둘째, 신재생에너지 발전 단가가 화석에너지의 경쟁력을 초과한 그리드 패리티[17] 단계를 지나며 신재생에너지의 경제

---

[17] 그리드 패리티(Grid Parity): 신재생에너지 발전단가가 기존 화석연료와 같아지는 균형점을 의미한다. 신재생에너지의 경제성 확보 시점을 나타내는 핵심 지표로, 신재생 에너지로의 전환에 분수령이 된다.

성은 확보되었습니다. 환경 문제와 무관하게 초기 전력 시스템 구축 비용과 안전성 문제가 핵심 과제입니다. 전 세계 신재생에너지 신규 프로젝트의 90% 이상이 화석연료보다 높은 경제성을 가지고 있으며, 태양광과 풍력의 발전 원가는 화석연료 대비 각각 41%, 51% 저렴합니다.

마지막으로 AI가 야기한 전력 수요 폭증으로 중앙집권적 전력망의 분산화도 진행 중입니다. 2024년 구글, 마이크로소프트, 아마존 3개사 데이터센터가 1년에 사용한 전력량은 120~140테라와트(TWh)가량으로 추정되며, 이는 서울과 6대 광역시 전체 전력 사용량을 넘어섭니다. 보수적인 전망으로도 2030년까지 전력 사용량이 두 배 이상 증가할 것으로 예상됩니다. 이는 세계 6위 제조업 국가인 한국의 전체 전력 생산량을 크게 웃도는 규모입니다. 에너지 산업 전 분야에서 역사적으로 가장 큰 변화의 정점에 있음이 분명합니다.

☑ 모빌리티: 단순한 이동을 넘어선 통합 생태계

모빌리티는 자율주행만이 아닙니다. 모빌리티를 자율주행 하나로만 평가절하할 수는 없습니다. 자율주행의 완성은 바다를 가로질러 항공·우주·통신 전 분야로 확산될 수 있으며, 이동수단과 제조, 물류 시스템 전반으로 활용 영역이 확대될 수 있습니다.

구체적인 사례를 보겠습니다. 테슬라 창업자 일론 머스크의 비즈니스 모델을 예로 들자면, 전기차로 시드머니를 확보한 뒤 로보택시로 사업 모델을 전환하고 있습니다. 이후 휴머노이드 로봇, UAM(도심 항공 모빌리티), 위성통신, 우주 비즈니스까지 확장을 계획하고 있으며, 이 모두는 하나로 연결된 모빌리티 생태계입니다.

제조 분야에서는 어떤 변화가 일어날까요? 구체적인 예시로 제조 분야에서는 '배터리·부품-제조-전기차-FSD(완전자율주행)-전력망-통신망-물류'가 통합되고, '자동차-드론-로봇-위성-발전소 네트워크'가 하나의 운영체계(OS)와 AI 엔진으로 관리되는 형태입니다. 한국은 규제와 기술 진입장벽을 안고 있지만, 기술 우위를 가진 미국과 중국에서의 경쟁적 규제 완화와 산업화는 이러한 변화를 가속화시키는 배경이 될 것입니다.

☑ 제조기술: AI가 주도하는 생산 패러다임의 전환

제조기술의 발전은 AI가 주도합니다. 앞서 언급했듯이, 소버린 AI의 성공도 결국 기업의 수익화 여부에 달려 있으며, 이는 전통 제조업과의 융합에 달려 있습니다. AI는 단순한 생산 공정 자동화를 넘어 산업 전반에 지능형 혁신을 확산시키고 있습니다. 스마트팩토리가 대표적인 사례로, 실시간 데이터 분석을 통해 불량을 예측하고 공정을 최적화하며 예측 정비로 장비 가동률을 높이고 비용을 절감합니다.

로봇기술도 진화하고 있습니다. 산업용 로봇과 모빌리티를 통한 물류 자동화는 사람과 협업하는 코봇(협업 로봇)으로 진화해 정밀 조립과 검사까지 수행합니다. 한국은 로봇 보급률 세계 1위 국가입니다. 이는 자동차, 반도체, ICT 분야에서 공정 자동화 보급률이 높기 때문인데 이에 더해 전통 제조업 설비 전반으로 산업자동화 침투율의 확대가 필요합니다.

이처럼 설계부터 생산, 물류, 마케팅, 재고관리까지 모든 과정이 하나의 데이터 흐름으로 연결되면서 전통 제조업의 가치사슬이 재편되고 있습니다. 한국 제조업 역시 이러한 AI 융합을 선제적으로 받아들여야 합니다. AI의 실시간 최적화 역량이 이미 시장화 단계에 진입한 지금, 이는 산업혁명 이후 가장 큰 제조 패러다임의 전환이라 할 수 있습니다.

자본가의 시선으로 기술혁신에 편승하라

마지막은 개인투자자의 관점에서 기술혁신에 대한 대응을 제시하며 마무리하고자 합니다. 개인의 입장에서 기술혁신의 대주기에 올라서는 방법은 창업과 취업 등 다양한 경로가 있겠지만, 이는 천재적 지능을 가진 소수 인재들의 영역에 불과할 것입니다.

교육에 대한 우리의 인식부터 바뀌어야 합니다. 한 가지 분명한 점은 전통적 교육을 맹목적으로 강요해서는 안 된다는 것입니다. 그동안의 기술혁신이 인간의 노동을 대체하거나 한계를 넓히는 수준에서 진화했다면, 인공지능 기반 제조업 생태계와 사회 시스템의 진화는 인간 지능을 대체하는 방향으로 진화하고 있습니다. 이는 주입식 학습과 암기, 그리고 그와 연계된 사고 능력이 더 이상 과거와 같은 가치를 가지지 못하게 됨을 의미합니다. 주판과 암산이 수학적 능력으로 대변되던 시대의 변화와 크게 다르지 않습니다.

그렇다고 기술의 진화를 마냥 두려워할 필요는 없습니다. 새로운 기술은 기존 일자리를 파괴했지만 장기적으로는 생산성 개선으로 더 풍요로운 경제 성장을 이끌었고, 더 높은 가치와 더 많은 직업군을 창출했습니다.

역사가 이를 증명합니다. 산업화는 수공업자를 위협했지만 대형 제조업은 더 많은 일자리를 만들어 냈으며 엔지니어, 운송업 등 새로운 직업군이 폭발적으로 증가했습니다. 자동차는 생산, 도로, 정비, 주유소, 물류 등 산업 단지를 형성했습니다. 정보통신 혁명도 프로그래머, 네트워크, 디자인, 이커머스, 플랫폼 산업 영역으로 확장되고 있습니다.

AI 또한 제조·서비스업의 효율을 극대화해 AI 엔지니어, 데이터 보안·윤리 전문가, AI 기반 창작자와 유통업 등 수많은 직업군을 만들어 내고 있습니다. **AI는 인간의 기초 지능을 대체하고 효율화를 이끄는 과정으로, 인간을 대체하기보다 인간의 잠재능력을 최대한 발휘하는 형태로 진화할 것으로 예상됩니다.**

국가와 가정이 교육에 투자하는 비용은 10년 이후의 미래를 대비한 투자입니다. 현재의 입시제도로 검증된 인재보다 새로운 교육 시스템과 직업훈련 인프라를 구축해야 하며, 우리는 이러한 변화에 선제적으로 대비해야 합니다.

AI 시대 구체적 투자 전략

자본가 혹은 투자자로서 기술혁신의 장기 수혜에 편승해야 합니다. 이 책을 읽는 독자들은 머지않은 미래에 자녀나 손주에게 "눈앞에서 인간을 대체하는 기술이 로봇과 자율주행으로 변해가는 것을 보고 왜 투자하지 않았냐?"는 원망 섞인 비난을 들을 수도 있습니다. 물론 투자는 쉽지 않은 영역이며 큰 보상에는 그만큼의 큰 위험이 뒤따릅니다.

구체적인 투자 전략을 개인 투자자의 눈높이에 맞추어 제시해 보겠습니다. 투자에는 반드시 코어(Core)가 필요합니다. 기술혁신처럼 변화가 큰 분야에서는 특히 더 중요합니다. AI의 주도권은 미국과 중국이 이미 넘기 힘든 진입장벽을 구축했습니다. 다만, 아직도 인프라 구축 단계이기에 기술의 진화 과정 모두를 예단할 수 없습니다. 스마트폰 혁명의 최종 수혜자가 플랫폼 기업이 될 것이라고 예측했던 자가 없었던 지난 경험과도 유사합니다.

미국과 중국의 기술주 중심 주가지수는 미국은 나스닥(NASDAQ), 중국은 커촹반(STAR Market)과 홍콩은 항셍 테크(Hang Seng Tech) 등이 존재합니다. 이 두 국가의 주가지수를 코어로 두고 장기 보유 전략을 취하는 것이 바람직합니다. 개별 기업보다는 테마형 ETF를 통해 지수 수익률을 보완하거나 극대화하는 전략이 효율적입니다.

향후 2~3년의 시계열로 투자를 한다면, 유망 투자 테마는 AI 생태계 완성 과정에서 ① 고성능컴퓨팅·반도체, ② 사이버보안, ③ 전력망, ④ 모빌리티, ⑤ 산업 자동화·로봇틱스, ⑥ 통신·우주 분야로 판단됩니다.

AI가 인류, 사회에 미치는 영향에서의 투자 기회도 존재합니다. 긍정적 측면에서는, 의료기술의 비약적 발전이 가능하고 이는 생명연장, BIO·의료기기의 직접적 수혜로 이어집니다. 고령화와 관련된 실버산업의 전망도 긍정적입니다. 다만 기술의 발전이 인간의 소외 및 정신 질환 등의 문제에도 봉착할 수 있습니다. 정신 건강·잠재 케어 등 인간 중심의 헬스케어 산업 성장이 기대됩니다. 대표적 수혜 분야로는 ① 생명공학·BIO, ② 여행·레저, ③ 웰빙·힐링의 테마형 ETF에도 주목할 필요가 있습니다.

기술혁신의 미래 유망 투자테마 (ETF 기준)

분류	테마	ETF명	티커	EPS 성장(%)			대표종목 (편입순)		
				25'	26'	27'	1위	2위	3위
주가지수	나스닥	Invesco QQQ Trust	QQQ	50	22	17	NVDA	MSFT	AAPL
	나스닥(국내)	KODEX US NASDAQ100	449190	50	22	17	NVDA	MSFT	AAPL
	STAR50	KraneShares SSE STAR 50	KSTR	18	121	140	688981	688041	688012
	STAR50(국내)	TIGER Synth-China STAR50	414780	18	121	140	688981	688041	688012
	항셍테크	iShares Hang Seng TECH HKD	3067	13	34	26	1810	9999	700
	항셍테크(국내)	TIGER China Hang Seng TECH	371160	13	34	26	1810	9999	700
AI	고성능컴퓨팅	Defiance Quantum	QTUM	11	29	18	QBTS	PLTR	ORA
		iShares Semiconductor	SOXX	13	36	22	AMD	NVDA	AVGO
	사이버보안	First Trust Cybersecurity	CIBR	39	20	17	CRWD	PANW	AVGO
		MG Prime Cyber Security	HACK	8	23	19	AVGO	CSCO	CRWD
	전력망	Global X US Electrification	ZAP	28	17	234	ETR	AEE	EXC
		FirstTrust ClnEdge SmartGrid	GRID	14	47	17	ETN	SU	ABBN
	모빌리티	GlobalX Autonomous & EV	DRIV	34	78	70	7203	MSFT	QCOM
		ARK Autonomous Technology	ARKQ	48	31	21	TSLA	KTOS	ACHR
	산업자동화	GlobalX Robotics and AI	BOTZ	16	35	55	6861	NVDA	ISRG
		Global Robotics and Automation	ROBO	18	27	22	SYM	AMBA	6954
	통신/우주	Procure Space	UFO	12	21	27	RKLB	9412	LUNR
		ARK Space Exploration	ARKX	12	24	16	KTOS	RKLB	AVAV
사회적 변화	생명공학/바이오	SPDR S&P Biotech	XBI	207	46	180	ALNY	EXEL	UTHR
		iShares Biotechnology	IBB	111	56	131	VRTX	GILD	AMGN
	여행/레저	MG Travel Tech	AWAY	10	31	36	UBER	BKNG	SABR
		US Global Jets	JETS	13	33	17	UAL	DAL	AAL
	웰빙/힐링	Invesco Dynamic Leisure & Enter	PEJ	44	134	20	RCL	DASH	BKNG
		Cardiovascular and Metabolic	HRTS	383	12	10	LLY	ABT	NOVO B

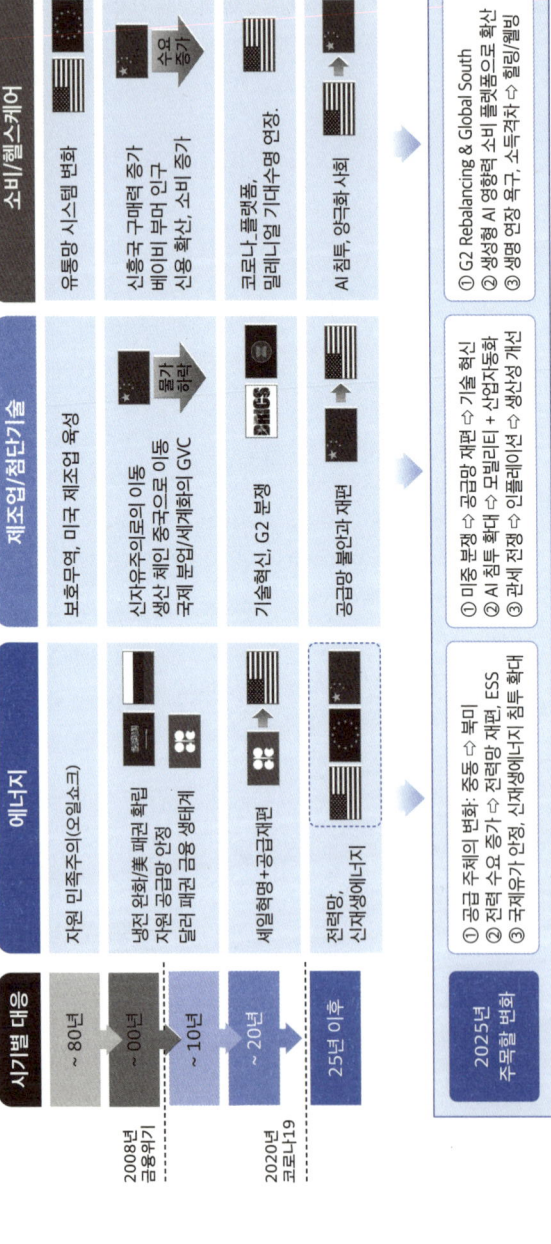

한국의 미래

초판 1쇄 발행 2025년 9월 20일
초판 2쇄 발행 2025년 9월 30일

지은이 박석중
펴낸이 김선준, 김동환

편집이사 서선행
책임편집 최한솔 **편집2팀** 오시정, 최구영
디자인 정란
도해 김광옥 **교정교열** 이주희
마케팅 권두리, 이진규, 신동빈
홍보 조아란, 장태수, 이은정, 권희, 박미정, 조문정, 이건희, 박지훈, 송수연, 김수빈
경영관리 송현주, 윤이경, 임해랑, 정수연

펴낸곳 페이지2북스 **출판등록** 2019년 4월 25일 제 2019-000129호
주소 서울시 영등포구 여의대로 108 파크원타워, 28층
전화 070) 4203-7755 **팩스** 070) 4170-4865
이메일 page2books@naver.com
종이 (주)월드페이퍼 **인쇄·제본** 한영문화사

ISBN 979-11-6985-158-9 (03320)

· 책값은 뒤표지에 있습니다.
· 파본은 구입하신 서점에서 교환해드립니다.
· 이 책은 저작권법에 의하여 보호를 받는 저작물이므로 무단 전재와 복제를 금합니다.